最高人民法院工作报告

2023

REPORT ON THE WORK
OF
THE SUPREME PEOPLE'S COURT

人民法院出版社

图书在版编目（CIP）数据

最高人民法院工作报告．2023：汉文、英文．-- 北京：人民法院出版社，2023.5

ISBN 978-7-5109-3801-6

Ⅰ．①最… Ⅱ．Ⅲ．①最高法院－工作报告－中国－2023－汉、英 Ⅳ．①D926.21

中国国家版本馆 CIP 数据核字（2023）第 087553 号

最高人民法院工作报告·2023

责任编辑 赵杰琼 **装帧设计** 尹苗苗

出版发行 人民法院出版社

地　　址 北京市东城区东交民巷 27 号（100745）

电　　话（010）67550656（责任编辑） 67550558（发行部查询）

65223677（读者服务部）

客服 QQ 2092078039

网　　址 http://www.courtbook.com.cn

E－mail courtpress@sohu.com

印　　刷 北京瑞禾彩色印刷有限公司

经　　销 新华书店

开　　本 787 毫米 ×1092 毫米 1/16

字　　数 96 千字

印　　张 8.25

版　　次 2023 年 5 月第 1 版 2023 年 5 月第 1 次印刷

书　　号 ISBN 978-7-5109-3801-6

定　　价 49.00 元

目　录

CONTENTS

扫码看报告

最高人民法院工作报告

——2023年3月7日在第十四届全国人民代表大会第一次会议上

最高人民法院院长　周　强

各位代表：

现在，我代表最高人民法院，向大会报告工作，请予审议，并请全国政协各位委员提出意见。

过去五年的主要工作

2022年是党和国家发展史上极为重要的一年，党的二十大胜利召开，擘画了全面建设社会主义现代化国家、以中国式现代化全面推进中华民族伟大复兴的宏伟蓝图。在以习近平同志为核心的党中央坚强领导下，在全国人大及其常委会有力监督下，全国法院围绕迎接党的二十大、学习宣传贯彻党的二十大精神，坚决筑牢政治忠诚，坚定维护安全稳定，依法服务发展大局，切实保障民生权益，深化司法体制改革，着力锻造法院铁军，各项工作稳中有进。最高人民法院受理案件18547件，审结13785件；地方各级人民法院和专门人民法院受理案件3370.4万件，审结、执结3081万件，结案标的额9.9万亿元。

党的十九大以来的五年，我们党团结带领人民有效应对严峻复杂的国际形势和接踵而至的巨大风险挑战，推动党和国家事业取得举世瞩目的重大成就。五年来，最高人民法院坚持以习近平新时代中国特色社会主义思想为指导，深入贯彻习近平法治思想，全面贯彻党的十九大和十九届历次全会精神，认真学习贯彻党的二十大精神，贯彻落实《中国共产党政法工作条例》，认真落实十三届全国人大历次会议决议，深刻领悟“两个确立”的决定性意义，增强“四个意识”、坚定“四个自信”、做到“两个维护”，紧紧围绕“努力让人民群众在每一个司法案件中感受到公平正义”目标，坚持服务大局、司法为民、公正司法，忠实履行宪法法律赋予的职责，推动人民法院工作实现新变革新发展。认真落实习近平主席特赦令和全国人大常委会特赦决定，在新中国成立70周年前夕依法裁定特赦罪犯23593人。2018年至2022年，最高人民法院受理案件14.9万件，审结14.5万件，比上一个五年分别上升81.4%和81.5%，制定司法解释114件，发布指导性案例119件，加强对全国法院审判工作监督指导；地方各级人民法院和专门人民法院受理案件1.47亿件，审结、执结1.44亿件，结案标的额37.3万亿元，比上一个五年分别上升64.9%、67.3%和84.7%。通过发挥审判职能作用，推动建设更高水平的平安中国、法治中国，为全面建成小康社会、全面建设社会主义现代化国家提供有力司法服务和保障。

一、坚决维护国家安全、社会安定、人民安宁

全面贯彻总体国家安全观，坚持宽严相济刑事政策，五年来审结一审刑事案件590.6万件，判处罪犯776.1万人。

坚决维护国家政治安全。严惩各种渗透颠覆破坏、暴力恐怖、民族分裂、宗教极端等犯罪，坚定维护国家政权安全、制度安全、意识形态安全。审理施正屏、李孟居、李亨利、沙塔尔·沙吾提等案件，严惩间谍、窃密、资助危害国家安全犯罪活动、妄图分裂国家的犯罪分子。依法反制非法制裁和"长臂管辖"，坚定捍卫国家主权、安全、发展利益。

坚决维护社会稳定。持续开展扫黑除恶斗争，依法审结涉黑涉恶案件3.9万件26.1万人。对孙小果、杜少平、陈辉民、黄鸿发等依法判处并执行死刑。"黑财"执行到位2461亿元。一批为害一方的"村霸"、"街霸"、"矿霸"被绳之以法。依法惩治涉疫犯罪，维护正常防疫秩序，优化调整司法政策。从严惩治暴力伤医、扰医、闹医等侵害医务人员权益的违法犯罪，切实维护救死扶伤的白衣天使安全和尊严。依法惩治袭警犯罪，让暴力抗法者付出代价。审结故意杀人、强奸、抢劫、绑架、放火、爆炸等严重暴力犯罪案件23.8万件27.4万人，审结毒品犯罪案件34.7万件44.2万人，对高承勇、张维平、陈宇萍等一批罪行极其严重的犯罪分子依法判处死刑。我国刑事犯罪案件、严重暴力犯罪案件总体呈持续下降态势，人民群众安全感显著增强。

依法惩治腐败犯罪。配合国家监察体制改革，完善监察执法与刑事司法衔接机制。审结贪污贿赂等职务犯罪案件11.9万件13.9万人。依法从严惩处孙政才等92名原中管干部，对赵正永、孙力军、王立科、傅政华、刘彦平等依法适用终身监禁，对赖小

民依法判处并执行死刑，彰显党中央有腐必惩、有贪必肃的坚定决心。坚决惩治侵害群众利益的“蝇贪”、“蚁腐”，对挪用惠农资金、克扣征地补偿款、贪污危房改造补助等腐败犯罪严惩不贷。审结行贿犯罪案件1.2万件1.3万人，严惩多次行贿、巨额行贿、长期“围猎”干部的行贿犯罪。审理许超凡等外逃人员回国受审案件979件，对长期外逃的程三昌缺席审判，裁定没收张正欣、彭旭峰等死亡或外逃腐败分子境内外违法所得，追逃追赃“法网”越织越紧，对腐败分子产生极大震慑。

依法惩治信息网络犯罪。审结电信网络诈骗及关联犯罪案件22.6万件，千方百计帮助受骗群众挽回损失，“10·18”、“11·20”等一批特大跨境电信网络诈骗犯罪分子被绳之以法。依法惩治侵犯公民个人信息、帮助信息网络犯罪活动等犯罪，加大全链条打击力度。通过审理刷单返利、虚假理财、交友陷阱等网络诈骗案件，揭露花样翻新的诈骗套路，助力全民反诈。严厉打击网络赌博犯罪，对张宁宁等跨境赌博犯罪集团案被告人依法从严惩处。审理涉网络“水军”、网络“黑公关”等案件，严惩散布虚假信息、危害网络生态的犯罪行为，决不允许网络空间沦为法外之地。

依法惩治危害群众切身利益的犯罪。审结危害食品药品安全犯罪案件3万件4.6万人，严惩利欲熏心的造假者，对制售有毒有害食品的犯罪分子依法宣告从业禁止，守护百姓餐桌安全、用药安全。开展打击医保骗保犯罪专项行动，严惩幕后组织者和职业骗保人。严厉打击整治养老诈骗，审结“老庆祥”、“夕阳红”、“长者屋”等针对老年人的非法集资案件，判处罪犯4523人，追赃挽损31.9亿元，守护群众养老钱。

依法维护公共安全。审结危害生产安全犯罪案件1.1万件2万人，对一批重特大生产安全事故责任人依法判处重刑，维护人民群众生命财产安全。针对高空抛物、偷盗窨井盖、妨害安全驾驶等公众担忧的安全问题，出台司法政策，促进综合治理，有力维护群众“头顶上”、“脚底下”和出行中的安全。

二、依法服务构建新发展格局、推动高质量发展

完整、准确、全面贯彻新发展理念，审结一审商事案件2472.3万件，维护市场秩序，优化法治环境，服务经济社会高质量发展。

依法助力稳经济增信心。新冠疫情防控三年来，人民法院竭尽所能为企业减负纾困，帮群众排忧解难。出台助力中小微企业发展20条，推动解决挤压生存发展空间、拖欠账款等中小微企业急难愁盼问题。出台促进消费30条，严厉整治“霸王条款”、消费欺诈、预付式消费陷阱等行为，依法保护新零售业态、新个体经济，支持、规范社交电商等多样化经营模式，促进增强消费信心。出台稳定就业14条，明确居家办公或灵活办公工资裁判标准，维护高校毕业生就业见习、试用期合法权益，平衡保护用人单位和劳动者权益。妥善化解合同履行、商铺租赁、物流运输等涉疫纠纷77.9万件，多数通过调解、和解方式解决，帮助大中小微企业互谅互让、守望相助、共渡难关。运用民法典不可抗力、情势变更等条款，积极协调受疫情影响的中小企业、个体工商户以延期付款、分期付款等方式履行债务，鼓励业主或债权人减免租金、减免逾期利息。坚持善意文明司法，对应当采取查封、保全的财产，依法采用“活封活扣”，有效释放361万件案件所涉

查封财产的使用价值和融资功能。及时修复企业信用179万件次，对13万个企业暂缓适用强制措施，通过一系列“放水养鱼”柔性措施，让守信的企业摆脱困境、轻装上阵。内蒙古、辽宁、湖北、湖南、广西等法院推行涉企案件经济影响评估机制，天津、河北、上海、浙江、山东、广东等法院主动为出海“抢订单”企业提供法律服务，竭力为市场主体拼经济创造“暖环境”。

依法服务创新驱动发展。加强知识产权司法保护，激发创新动力。审结一审知识产权案件219.4万件，同比增长221.1%。审理涉5G通信、新能源新材料、高端装备制造等高新技术案件，加大对关键核心技术及新兴产业、重点领域等知识产权保护力度。出台植物新品种权司法解释，审理“金粳818”水稻、“丹霞红”梨树等案件1585件，激励育种创新。海南法院强化“南繁硅谷”司法保障，陕西法院建立种业知识产权司法保护基地，甘肃法院设立种子法庭，守护“农业芯片”。出台加强中医药知识产权保护意见，天津、江西等法院完善司法措施，保障中医药传承创新发展。加大惩罚性赔偿力度，2022年侵犯知识产权案件判赔额较2018年增长153%。我国知识产权专业化审判体系基本形成。

依法服务优化营商环境。司法程序质量保持全球领先，为我国营商环境世界排名大幅跃升作出积极贡献。加强产权司法保护，落实平等保护原则，不论国有民营、内资外资、大中小微企业，一律平等对待、一视同仁。依法再审纠正张文中案等重大涉产权刑事冤错案件209件283人，对6250名在押企业经营者变更适用取保候审、监视居住等强制措施，对290名涉案企业经营者依法宣告无罪，坚决防止将经济纠纷当作犯罪处理，坚决保护市场主体合法的财产权益、合同权益。通过司法裁判弘扬契约精神，在买卖合同、股权转让等案件审理中依法认定合同效力，鼓励诚信交易。加强合同执行，降低交易成本。严防通过虚假诉讼逃废债，对恶意拖欠账款、减损资产、扩张债务行为坚决追究法律责任。依法惩治合同诈骗、串通投标、虚假破产等破坏市场经济秩序犯罪。依法审理行政协议案件，促进行政机关完善守信践诺机制，保障民营经济和社会资本合作方合法权益。

依法维护市场公平竞争。审结垄断和不正当竞争案件 2.9 万件。审理医药、电信、建材、文化消费等领域垄断案件，依法惩处垄断协议、滥用市场支配地位行为，保护市场竞争活力和消费者合法权益。依法惩治侵犯商业秘密、恶意抢注商标等违背诚信原则和商业道德的行为。加强传统品牌、老字号、驰名商标司法保护，审理涉“五常大米”、“沁州黄小米”、“云南白药”等商标权、不正当竞争案，制止“傍名牌”、“搭便车”。对“青花椒”等“碰瓷式维权”说不，为合法经营者撑腰，让违法经营者受罚。

依法促进数字经济健康发展。审理大数据权属交易、公共数据不正当竞争等案件，明确数据权利司法保护规则。惩处滥用数据、算法等排除、限制竞争的行为，坚决制止“大数据杀熟”、强制“二选一”等“店大欺客”行为。规范直播带货、付费点播等新业态新模式，保护创新经营，惩处非法逐利。浙江温州法院积极探索数据资源专业审判机制。北京、天津、上海法院对盗播北京冬奥会、世界杯等行为及时作出禁令，促进优化数字文化市场环境。

营造良好金融法治环境。审结金融犯罪案件 10.1 万件、金融民商事案件 1037.7 万件，助力服务实体经济、防控金融风险。大幅下调民间借贷利率司法保护上限，依法否定变相高息条款效力，降低实体经济融资成本。审慎处理涉连环担保和P2P网络借贷等案件，以市场化法治化手段防范化解金融风险。出台惩治非法集资、操纵证券期货市场等犯罪司法解释，对财务造假、“老鼠仓”等资本市场违法犯罪零容忍。出台证券集体诉讼司法解释，保护中小投资者合法权益，康美药业案5.5万名投资者通过特别代表人诉讼获赔24.59亿元。先后就科创板、创业板、北交所出台司法保障意见，服务资本市场基础性制度改革。

促进市场要素资源高效配置。审结破产案件4.7万件，涉及债权6.3万亿元，对仍有市场潜力的高负债企业通过依法重整实现重生，对资不抵债、拯救无望的企业宣告破产，实现市场出清。探索个人破产制度，让诚实而不幸的债务人能有重归市场打拼的机会。推进“执破直通”，办理执行转破产案件1.5万件。审结破产重整案件2801件，盘活资产3.4万亿元，帮助3285个企业摆脱困境，稳住92.3万名员工就业岗位。海航集团破产重整案成功化解1.1万亿元债务风险，北大方正、紫光集团、永泰能源、大船海工、“建工系”、中孚实业、贵阳大数据交易所、青海盐湖股份等一批有价值有前景的企业通过破产重整获得新生。

依法服务乡村振兴和区域协调发展。出台司法政策，服务脱贫攻坚、乡村振兴和农业农村现代化。依法审理涉农村土地“三权分置”案件，支持土地经营权依法有序流转，保障进城落户农民合法土地权益。妥善化解涉农产品产销、特色产业投资、农村电商、乡村旅游等纠纷，优化农村营商环境。黑龙江法院开设绿色通道保障春耕生产。山东法院以专业法庭促进寿光蔬菜等产业发展。江苏法院化解万亩养殖水面清退纠纷，吸引企业追加投资4亿元。跟进京津冀协同发展、长江经济带发展、长三角一体化发展、西部大开发新格局、东北全面振兴、中部地区高质量发展、雄安新区建设、成渝地区双城经济圈建设等重大战略，制定司法服务政策。支持南京法治园区和吉林、福建、四川等地法务区建设。支持河北法院与国家体育总局共建冰雪运动法律问题研究基地，助力后奥运经济发展。

依法服务生态文明建设。深入践行“两山”理念，审结环境资源案件 129.3 万件，审结检察机关和社会组织提起的环境公益诉讼案件 1.7 万件。贯彻保护优先、预防为主、损害担责等原则，制定生态环境侵权禁止令、惩罚性赔偿等司法解释。审理非法进口“洋垃圾”、环境监测数据造假、非法围填海域等案件，助力打好蓝天碧水净土保卫战。云南法院审理绿孔雀预防性保护公益诉讼案，加强生物多样性司法保护。完善长江、黄河生态保护修复司法政策，流域内法院司法协作“串珠成链”，携手保护“母亲河”。江苏法院跨省移交“长江特大非法采砂案”生态修复金，落实全流域一体化保护。创新适用补植复绿、增殖放流等恢复性司法举措，判令补植树木超过 9085 万株，放流鱼苗超过 5.1 亿尾。贵州法院支持认购碳汇修复生态，福建法院创新林业碳汇损失计量及赔偿机制，促进绿色低碳发展。河南、湖北、重庆、陕西、宁夏法院在黄河湿地、丹江、三峡库区、秦岭、贺兰山等建设生态司法修复基地，让受损生态得以修复。江西法院依法审理三清山巨蟒峰损毁案，对故意损毁自然遗迹的行为予以严惩。加强文物和文化遗产司法保护，“章公祖师”肉身坐佛像案开创以国内民事诉讼追索流失海外文物新途径，河北山海关、山西右玉法院建立长城文化遗产司法保护机制。基本建成中国特色环境资源审判组织体系，中国环境司法在全球环境治理中发挥越来越重要的作用。

依法服务高水平对外开放。审结涉外商事案件9.5万件、海事案件7.6万件。坚定不移贯彻对外开放基本国策，围绕高质量共建“一带一路”和自由贸易试验区、海南自由贸易港建设等出台司法服务政策。落实外商投资准入前国民待遇加负面清单制度，审理外商投资企业股东资格确认纠纷等案件，平等保护中外投资者合法权益。在南宁等地设立10个国际商事法庭。审理铁路提单物权纠纷案，促进陆上国际贸易规则创新。完善中欧班列等国际铁路运输案件专业化审判机制。推进国际海事司法中心建设，维护国家海洋权益，服务海洋经济发展。审理“普拉利斯”轮扣押案、“天使力量”轮船员劳务合同案等案件，我国海事司法公正、高效、透明等优势充分彰显，越来越多外国当事人主动选择中国法院管辖。恪守国际条约，尊重国际惯例，积极参与国际规则制定。上海合作组织成员国最高法院院长会议、中国—东盟大法官论坛、世界执行大会、世界互联网法治论坛、世界环境司法大会等成果丰硕，中国司法国际影响力日益提升。

三、坚持走好中国特色司法为民之路

坚持以人民为中心的发展思想，深入践行司法为民宗旨，贯彻实施民法典，审结一审民事案件4583.3万件，着力解决人民群众在司法领域的难点堵点问题，切实维护人民群众合法权益。

全面加强人格权保护。审结人格权纠纷案件87.5万件。在司法政策中完善人格权侵害禁令、人身安全保护令等规定，让人格权更有保障。出台人脸识别司法解释，审理可视门铃侵害邻里隐私、扫码点餐侵犯个人信息、社交软件私自收集用户信息等案件，为隐私权和个人信息保护构筑“防火墙”。审理侵害“两弹一星”

功勋于敏、“杂交水稻之父”袁隆平等名誉案，让人格尊严免遭网络暴力侵害。审理“AI陪伴”软件侵害人格权案，认定擅自使用他人形象创设虚拟人物构成侵权。审理请求返还冷冻胚胎案，保护丧偶妻子辅助生育权益，作出“人伦和情理胜诉”的温情判决。通过一系列司法政策和公正裁判，让人脸安全得到保障，隐私安宁免遭侵扰，名誉荣誉不被诋毁，人格利益更受重视，让人的价值、尊严受到法律充分尊重和保护。

保障人民安居乐业。审结涉教育、就业、医疗、养老、住房等民生案件2224.1万件。联合有关部门出台维护新就业形态劳动者权益意见，推动破解劳动关系难认定、工伤无赔偿、社保零缴纳等问题，让快递小哥、外卖骑手等新业态从业者有尊严、有保障。制定网络消费司法解释，保护涉网约车、网络购物、新型旅游等网络消费者合法权益。加强消费公益诉讼案件审判，探索适用惩罚性赔偿，对损害消费者生命健康等行为依法追究责任。妥善审理房地产纠纷案件460.4万件，依法优先保障刚需和改善性需求购房人合法权益，助力保交楼、保民生、保稳定。

维护家庭和谐幸福。审结婚姻家庭案件896.1万件，努力守“小家”和谐、护“大家”安定。会同全国妇联等深化家事审判改革，完善家事调解、家事调查、心理辅导等制度，健全妇女儿童权益保护机制。加大对家暴案件依职权调取证据力度，及时签发人身安全保护令1.3万份，联动各方推动保护令落地执行。出台服务应对人口老龄化国家战略司法措施，加强老年人权益保护，健全适老型诉讼服务机制。审理“空巢”老人、再婚老人赡养案，支持老年人精神赡养请求，让老人晚年幸福自由受到尊重，让子女常回家看看成为自觉，弘扬中华民族孝亲敬老的传统美德。

呵护少年儿童健康成长。落实最有利于未成年人原则，推行圆桌审判、轻罪犯罪记录封存、合适成年人到场、回访帮教等制度机制，完善中国特色社会主义少年司法制度。努力教育感化挽救失足未成年人，判处未成年人罪犯由2013年的5.6万人减少到2022年的2.8万人。宽容但不纵容，对主观恶性深、手段残忍、屡教不改的依法予以惩处。对侵害未成年人犯罪零容忍，该判处重刑的坚决依法判处。会同教育部等出台意见，依法严格执行侵害未成年人犯罪人员从业禁止制度，判处202名被告人终身禁止从事密切接触未成年人的工作。落实家庭教育促进法，发出家庭教育令10308份，督促甩手家长依法履行家庭教育责任。会同有关单位共同防治中小学生欺凌和暴力，积极预防未成年人沉迷网络或遭受网络侵害。开展司法与行政、家庭、学校、社区保护联动机制试点，共同保护祖国的明天。

依法维护国防利益和军人军属合法权益。审结破坏军事设施、冒充军人招摇撞骗、破坏军婚等涉军犯罪案件2503件。如期完成涉军停偿司法服务保障任务，助力实现军队资产不流失、群众利益不受损。军事法院贯彻依法治军战略，推进军事行政审判试点。全面推广涉军维权“信阳模式”、“鄂豫皖模式”。河北、安徽、湖南法院妥善解决边防战士家庭涉法问题，为保家卫国的边防官兵减少后顾之忧。江苏、江西法院会同当地政府依法维护革命烈士遗孀、退役军人遗属权益。对诋毁“抗美援朝冰雕连”、亵渎卫国戍边英雄的犯罪分子依法严厉制裁，坚决捍卫英烈尊严荣光，在全社会高扬尊崇英雄的浩然正气。

维护港澳台侨同胞合法权益。审结涉港澳台案件12.1万件，办理涉港澳台司法协助互助案件4.6万件，审结涉侨案件4.4万件。基本实现内地与港澳民商事司法协助全覆盖。出台服务粤港澳大湾区建设意见、支持和保障横琴粤澳深度合作区建设意见、支持和保障全面深化前海深港现代服务业合作区改革开放意见，服务港澳融入国家发展大局。制定司法惠台36条，平等保护台胞台企合法权益。接收港澳台学生实习参访，让港澳台青年感受祖国法治建设成就。推行跨境网上立案和涉侨纠纷在线多元化解，架起维护侨胞权益“连心桥”。举办海峡两岸暨香港澳门司法论坛，发挥中华司法研究会作用，传承中华优秀传统法律文化，共同推动中华法治发展。

方便群众高效化解矛盾。紧扣群众所盼所需，迎难而上，持续攻坚，一一破解难题。在全面实行立案登记制、破解长期以来群众解纷立案“门难进”问题后，还要让群众化解矛盾“事好办”。各级法院坚持和发展新时代“枫桥经验”，贯彻“推进案件繁简分流、轻重分离、快慢分道”要求，建成中国特色一站式多元纠纷解决和诉讼服务体系，提供菜单式、集约式、一站式纠纷解决服务，真正把方便留给群众。**构建多元化纠纷解决机制**。与全国总工会、全国工商联、退役军人事务部、中国银保监会、中小企业协会等单位协作，形成覆盖12个领域的“总对总”在线多元调解新格局。人民法院调解平台开通以来，9.6万个调解组织和37.2万名调解员入驻，在线调解纠纷3832万件，2022年平均每分钟75件成功在诉前在线化解。加强诉源治理，调解平台在线对接7.6万个基层治理单位，嵌入乡村、社区、网格，及时把矛盾纠纷化解在基层、化解在萌芽状态，努力实现案结事了人和。**提供普惠均等的现代化诉讼服务**。人民法院在线服务平台提供立案、交费、调解、开庭、执行等“一网通办”服务，司法服务全天候“不打烊”，群众办事可以全流程“掌上办”。12368热线实质办理诉讼事务，接听群众来电3250万件次。跨域立案服务网点覆盖城乡，提供跨域立案服务16.7万件，减轻群众异地诉讼往返奔波之苦。44.8万名律师、基层法律服务工作者注册使用律师服务平台，在线办理申请立案、阅卷、调查收集证据等事项884万件次。**优化在线集约的审判辅助服务。**网上保全平台办理保全123万件，标的额达4万亿元，2022年93%的诉前保全48小时内作出裁定。委托鉴定系统平均鉴定周期26个工作日，较线下缩短1/3。文书电子送达1.7亿次，336个邮政集约送达中心基本实现全国主要城市目的地法律文书“次日达”。一站式多元纠纷解决和诉讼服务体系真正实现为群众解忧、帮法官减负、让正义提速。

加强新时代人民法庭建设。大力创建“枫桥式人民法庭”，10050个人民法庭扎根基层，充分发挥处在服务人民群众第一线的优势，积极促进城乡基层治理和平安法治乡村建设。继承和发扬马锡五审判方式，内蒙古、重庆、西藏、甘肃、宁夏等法院依托马背法庭、车载法庭开展巡回审判，畅通司法服务群众“最后一公里”。吉林梨树、黑龙江建三江“田间法庭”守护“黑土粮仓”，福建平潭“海岛法庭”服务海岛渔村向海而兴，云南西双版纳“国门法庭”保护边民侨胞合法权益，安徽安庆、新疆福海的人民法庭用“六尺巷调解法”、“冬不拉调解法”化解矛盾，让人民群众切实感受到公平正义就在身边。

巩固拓展“基本解决执行难”成果。紧紧依靠党委领导，打赢为期三年的“基本解决执行难”攻坚战，2019年向十三届全国人大二次会议报告“基本解决执行难”目标如期实现。持续巩固攻坚成果，保持执行工作高水平运行，努力兑现群众胜诉权益。五年来，受理执行案件 4577.3 万件，执结 4512.1 万件，执行到位金额 9.4 万亿元，2022 年首次突破 2 万亿元。网络执行查控系统对被执行人全国范围内 16 类财产一键查询、线上控制，累计查控案件 8535 万件次，有效解决查人找物难。网络司法拍卖成交超过 2 万亿元，为当事人节约佣金 621.4 亿元，有力破解财产变现难。联合信用惩戒体系让失信被执行人“一处失信、处处受限”，918 万人迫于信用惩戒压力主动履行了义务。在加强失信惩戒的同时，强化守信激励。浙江丽水法院邀请耄耋之年创业还债的守信老人为“诚信履行”代言，带动 1260 多名被执行人主动履行债务。规范执行标准流程，强化监督管理，健全规范体系。连续多年开展涉民生保障、涉拖欠农民工工资、涉拖欠民营企业账款等专项执行行动，其中执行到位涉民生案款 626.8 亿元。健全解决执行难长效机制，持续推进执行难综合治理、源头治理。经过不懈努力，中国特色执行制度机制更加健全，执行模式发生根本性变革，有力促进了法治社会和诚信社会建设。

加强法治宣传教育。全面落实普法责任制，充分利用互联网等媒体平台，强化以案释法，引导全民增强法治观念，在全社会营造尊法学法守法用法的良好氛围。广泛开展法院开放日和送法进机关、进校园、进乡村、进社区、进企业、进军营等活动。举办“现在开庭”、“正在执行”等全媒体直播，让群众“零距离”感受司法公正。指导创作电视剧《底线》、《阳光下的法庭》和纪录片《家事如天》等作品，用群众喜闻乐见的方式呈现人民法院对公平正义的执着追求，展现新时代法治中国建设成就。

四、坚决守住维护社会公平正义的最后一道防线

牢记公平正义是司法的灵魂和生命，始终以事实为根据、以法律为准绳，坚持严格公正司法，保障和促进社会公平正义。

坚持法理情相结合。坚持以法为据、以理服人、以情感人，牢固树立新时代社会主义司法理念，牢牢站稳人民立场，坚决纠正机械司法、就案办案等错误做法，努力实现案件办理政治效果、法律效果、社会效果有机统一。坚持罪责刑相适应原则，依法改判并核准百香果女童被害案被告人死刑，妥善审理“鹦鹉案”、“兰草案”、“为筹办抗战纪念展收购枪支案”，做到重罪重罚、轻罪轻罚、无罪不受刑事追究，使司法裁判真正符合人民群众心中朴素的公平正义观。

坚决捍卫法律尊严和权威。贯彻党和国家死刑政策，对挑战法律和道德底线、严重危害群众和社会安全的罪行决不姑息，论罪当判死刑的，坚决依法判处并核准死刑。严把死刑案件质量关，对事实不清、证据不足的陶雪案、范太应案一审依法作出无罪判决，对熊秋保案依法不予核准死刑，之后真凶均出现，有效防范重大冤错案件发生。对因徇私枉法、假立功等导致“重罪轻判”的案件依法启动再审，改判张成功等人死刑，做到不枉不纵。全面排查 1990 年以来的 1334.5 万件“减假暂”案件，对存在问题或瑕疵的 5.9 万件逐案整改，加强减刑假释案件实质化审理，坚决防止“纸面服刑”、“提钱出狱”。

加强人权司法保障。坚持实事求是、有错必纠，对冤错案件发现一起、查实一起、纠正一起，依法纠正五周案、张玉环案等重大刑事冤错案件 26 件 53 人。健全冤错案件有效防范和及时纠正机制，坚决守住防止冤错案件底线。贯彻罪刑法定、疑罪从无、

证据裁判等原则，落实公开审判、法庭辩论制度，对死刑包括死缓二审案件一律开庭审理，对2675名公诉案件被告人和2097名自诉案件被告人依法宣告无罪。加强被告人辩护权和律师执业权利保障，畅通律师协会维护律师执业权利渠道，推进律师辩护全覆盖，全面落实死刑复核案件法律援助制度。完善国家赔偿和司法救助制度，加强冤错案件国家赔偿工作。“依法纠正冤错案件”写入党的第三个历史决议。

弘扬社会主义核心价值观。审理朱振彪追赶肇事逃逸者案、医生电梯内劝阻吸烟案、小区保安陪同送医案、救助老人压断肋骨案，面对矛盾冲突、是非曲直，不回避、不含糊、不迁就，旗帜鲜明支持见义勇为，坚决反对“和稀泥”，着力破解长期困扰群众的“扶不扶”、“劝不劝”、“追不追”、“救不救”等法律和道德风险，引领良好社会风尚，推动法治建设。审理私自上树摘杨梅坠亡案、高铁霸座案、吃“霸王餐”逃单摔伤索赔案，让自甘风险者自负其责，让失德乱序者承担后果，引导社会成员增强公共意识、规则意识。新时代司法定分止争、明辨是非、激浊扬清、惩恶扬善，努力让法安天下、德润人心。

维护和促进社会公平。加强裁判尺度统一，切实防止公平正义因地域、城乡、行业差异而打折扣。修改司法解释，将人身损害赔偿统一按城镇居民标准计算，消除城乡居民赔偿标准差异。会同人力资源社会保障部等发布促进妇女平等就业政策文件，加强新冠病毒感染康复者平等就业权保障，审理女员工怀孕被解雇、毕业生求职遭地域歧视等案件，坚决纠正影响平等就业的不合理限制和就业歧视。会同中国残联等出台加强残疾人司法保护意见，加大对残疾人平等参与社会生活的保障力度。

监督、支持依法行政。审结一审行政案件138.4万件，审查行政非诉执行案件107.4万件，强化行政行为合法性审查，服务“放管服”改革和法治政府建设。加大对房屋土地、社会保障等关系群众切身利益案件审判力度，推动解决群众急难愁盼问题。依法审理涉国有土地出让、政府采购、招投标、招商引资等行政案件，保护行政相对人合法权益，促进诚信政府建设。探索行政案件集中管辖，破除行政诉讼“主客场”现象。推进行政机关负责人出庭应诉，天津、上海、浙江、山东、宁夏、兵团等法院加强行政争议多元化解中心建设，辽宁、吉林、河南、贵州、新疆等法院推动构建府院联动机制，促进行政争议实质性化解。

以公开促公正树公信。审判流程、庭审活动、裁判文书、执行信息四大公开平台让司法活动在阳光下运行，让公平正义以看得见的方式实现。中国裁判文书网公开文书1.4亿份、访问量逾千亿次，中国庭审公开网直播庭审超过2100万场。越是公众关注案件，越是依法主动公开，让人民群众监督司法活动、见证司法公正，让热点案件审判成为全民共享的法治公开课。开放、动态、透明、便民的阳光司法机制已经形成。

五、司法体制改革和智慧法院建设取得重大进展

坚决贯彻党中央改革部署，实施140项改革举措，推动司法审判和现代科技深度融合，实现审判体系和审判能力深刻重塑。

司法体制综合配套改革深入推进。全面准确落实司法责任制，推动实现“让审理者裁判、由裁判者负责”，坚持法定审判组织依法行权和严格执行民主集中制相结合，健全权责清晰、权责统一、监督有序、制约有效的审判权力运行体系。深化法官员额

制改革，落实入额必办案，推动法官员额能进能出、动态调整。建立法官惩戒制度，让违法审判必被问责、依法办案不受追究。加强和规范司法解释、案例指导，推行类案强制检索制度，促进法律适用统一。推进以审判为中心的诉讼制度改革，推行庭前会议、排除非法证据、法庭调查三项规程。深入推进量刑规范化。正确实施认罪认罚从宽制度。根据全国人大常委会授权，完成民事诉讼程序繁简分流改革试点，有序开展四级法院审级职能定位改革试点。完善人民陪审员制度，人民陪审员增至 32.7 万人，参审案件 1266.4 万件。

法院组织体系更趋完善。深化最高人民法院巡回法庭改革，6 个巡回法庭审理了一大批重大行政和民商事案件，较好实现最高审判机关重心下移、就地解决纠纷、方便群众诉讼等目标，被群众称为“家门口的最高人民法院”。在深圳、西安设立最高人民法院第一、第二国际商事法庭，创立国际商事专家委员会制度，创新诉讼与仲裁、调解有机衔接的一站式国际商事纠纷多元化解决机制。最高人民法院知识产权法庭统一审理全国范围内专利等技术类知识产权和垄断上诉案件，更好保护和激励科技创新。增设南京海事法院、海南自由贸易港知识产权法院，高起点高标准建设北京、上海、成渝金融法院，加强跨行政区划法院建设，人民法院组织体系更加适应国家发展战略需要。

智慧法院加速司法模式变革。全面推进智慧服务、智慧审判、智慧执行、智慧管理，建成全业务网上办理、全流程依法公开、全方位智能服务的智慧法院。智慧法院经受住世纪疫情大考，新冠疫情防控以来全国法院网上立案 2996 万件、开庭 504 万场、证据交换 819 万件次、异地执行 593 万件次、接访 15 万件次，实现“审判执行不停摆、公平正义不止步”。广泛应用类案识别推送、智能合约执行等技术，为审判执行工作赋能增效。建成全球最大的司法审判信息资源库，围绕社会治理热点形成1317份司法大数据报告。智慧法院成为中国司法在国际上的鲜明亮色。

互联网司法开创新模式新规则。率先出台人民法院在线诉讼、在线调解、在线运行“三大规则”，使各类在线司法活动有规可依、规范运行。制定区块链司法应用意见，司法区块链统一平台完成超过28.9亿条数据上链存证固证。发布人工智能司法应用意见，提出人工智能司法应用五大原则，明确人工智能只能辅助、不能代替法官裁判。北京、杭州、广州互联网法院在技术创新、规则确立、网络治理等方面探索不断深入，形成一批可复制可推广的经验。中国互联网司法从技术领先迈向规则引领。

全国法院坚持司法体制改革和智慧法院建设双轮驱动，在案件压力不断增大情况下，审判质效持续稳中向好。2018年以来，全国法院结案总量年均增长5.2%；法官人均办案从2017年的187件增至2022年的242件；2022年一审服判息诉率为89.3%，二审后达98%；在线诉讼审理周期比传统模式缩短22天；涉诉信访、涉诉进京访年均下降8.4%和44.5%，司法公信力明显提升，人民群众对司法公正的获得感不断增强。中国司法体制改革和智慧法院建设成果在国际上产生广泛影响。

六、锻造忠诚干净担当的法院铁军

贯彻新时代党的建设总要求，旗帜鲜明讲政治，持之以恒推进全面从严治党、从严治院，加强法院队伍革命化、正规化、专业化、职业化建设。

加强政治建设，筑牢政治忠诚。坚持不懈用习近平新时代中国特色社会主义思想凝心铸魂，推动习近平法治思想学习培训、党的二十大精神学习培训全员覆盖，坚持把党的创新理论作为干警入职教育第一课和青年理论武装必修课，帮助扣好从事司法工作的“第一粒扣子”。扎实开展“不忘初心、牢记使命”主题教育和党史学习教育。在法院系统组织开展“两个坚持”专题教育、“两个确立”主题教育。大力弘扬以“忠诚为民、崇法尚德、公正廉洁、刚正不阿、改革创新”为主要内容的新时代人民法院文化。五年来，全国法院涌现出一大批司法为民、公正司法的先进典型，2363 个集体、2799 名个人受到中央和国家机关表彰奖励。李庆军、胡国运、周春梅、魏晶晶、杨军、滕启刚、鲍卫忠等 95 名法官牺牲在工作岗位上，他们是共和国审判事业的忠诚卫士，他们用无私奉献乃至生命捍卫了公平正义。

加强能力建设，提升司法水平。贯彻实施法官法，修订法官教育培训工作条例，通过“人民法院大讲堂”等线上线下培训干警 975.6 万人次。加强知识产权、互联网、金融、涉外等领域司法人才培养。最高人民法院 3 名法官分别当选联合国上诉法庭、争议法庭和国际劳工组织行政法庭法官。支持海南自由贸易港、雄安新区等地法院队伍建设。加强援藏、援疆、援青工作，通过干部选派、巡回授课等方式，支持西部和民族地区法院队伍建设。内蒙古、广西、四川、云南、西藏、甘肃、青海、新疆等法院培养双语法官 2373 人，满足民族地区群众司法需求。

加强纪律作风建设，确保廉洁司法。坚持刀刃向内、刮骨疗毒，深入开展法院队伍教育整顿，坚决清除沉疴积弊和害群之马，一体推进顽疾整治和建章立制，法院队伍得到前所未有的淬炼。

严格落实中央八项规定及其实施细则精神，强化司法巡查、审务督察，全国法院查处违反中央八项规定精神干警3462人。转变司法作风，从最高人民法院到基层人民法院，全国四级法院院长、班子成员深入乡镇人民法庭驻庭蹲点，向群众学习，帮群众解纷。严格执行防止干预司法“三个规定”，2022年全国法院干警记录报告有关信息15.3万条，有干预就报告、有过问就上报正在成为干警习惯。以零容忍态度严惩司法腐败，五年来，最高人民法院查处本院违纪违法干警61人，各级法院查处利用审判执行权违纪违法干警8589人，追究刑事责任1727人。深刻汲取沈德咏等法院系统违纪违法案件教训，以案促改、以案促治。扎牢制度笼子，严肃铁规禁令，深化标本兼治，坚持不懈涵养清风正气。

各位代表，自觉接受监督，是践行全过程人民民主的必然要求，是实现司法公正的重要保障。**依法接受人大监督。**认真落实十三届全国人大历次会议精神，严格执行全国人大及其常委会制定的法律和作出的决议决定。向全国人大常委会报告解决执行难情况并接受专题询问，报告新时代刑事、民事、知识产权、涉外等审判工作情况，根据审议意见改进工作。办理代表建议涵盖947名代表，把1965件代表建议和1861件日常建议，逐项转化为推动法院工作高质量发展的具体举措。最高人民法院邀请全国人大代表视察法院37批次，通过邀请列席审委会、参加座谈会等方式听取意见3605人次。就保障食品药品安全、惩治暴力伤医、防治家庭暴力、保护商业秘密等，充分采纳代表意见，完善司法政策。**自觉接受民主监督。**坚持社会主义协商民主，自觉接受人民政协和各民主党派、工商联、无党派人士民主监督。办理政协提案819件，走访接待全国政协委员1211人次，及时采纳各方面意见建议。参加全国政协双周协商座谈会，就提高涉外执法司法质效、保护未成年人权益等共商良策。走访各民主党派中央，就法院工作广泛听取意见、凝聚共识。与全国工商联等举办四届民营经济法治建设峰会，共同优化民营经济发展法治环境。**依法接受检察机关法律监督。**认真审理抗诉案件，及时办理检察建议，共同维护司法公正。**广泛接受社会监督。**邀请特约监督员、特邀咨询员参加调研座谈等1228人次。主动接受舆论监督，召开新闻发布会155场，及时回应社会关切。

各位代表，新时代人民法院工作的新变革新发展，根本在于有习近平总书记作为党中央的核心、全党的核心掌舵领航，根本在于有习近平新时代中国特色社会主义思想科学指引，是习近平法治思想在司法领域的生动实践。成绩的取得，是全国人大及其常委会有力监督，国务院大力支持，全国政协民主监督，国家监察委员会、最高人民检察院监督，各民主党派、工商联、人民团体、无党派人士民主监督支持，地方各级党政机关、全国人大代表、全国政协委员、社会各界和广大人民群众关心帮助的结果。在此，我代表最高人民法院表示衷心的感谢！

回顾过去五年和新时代十年人民法院走过的历程，我们更加坚信：中国特色社会主义法治道路越走越宽广，法治中国前景无限光明。我们坚持守正创新、与时俱进，对做好人民法院工作有了更深刻的认识和体会：**必须坚持**党对司法工作的绝对领导，深刻领悟“两个确立”的决定性意义，增强“四个意识”、坚定“四个自信”、做到“两个维护”，坚定不移沿着习近平法治思想指引的方向前进；**必须坚持**服务大局、司法为民、公正司法，紧紧围绕党和国家中心工作履职尽责，努力让人民群众在每一个司法案件中感受到公平正义；**必须坚持**依法治国和以德治国相结合，以公正裁判弘扬社会主义核心价值观；**必须坚持**司法体制改革和智慧法院建设双轮驱动，加快推进审判体系和审判能力现代化；**必须坚持**一刻不停推进全面从严治党、从严治院，确保公正廉洁司法；**必须坚持**自觉接受监督，让审判权始终在监督下行使、为党和人民服务。

我们清醒认识到，人民法院工作还存在一些问题和困难：**一是**司法能力水平与中国式现代化要求和人民群众日益增长的公平正义需求相比还有差距，实现审判体系和审判能力现代化还需下更大气力。**二是**司法体制综合配套改革存在不平衡不到位问题，审判权力运行制约监督机制还存在短板。**三是**有的案件审判执行质量效率不高、效果不佳，存在机械司法、就案办案问题。推进切实解决执行难仍需久久为功。**四是**党风廉政建设和反腐败斗争形势依然严峻复杂，彻底铲除滋生司法腐败的土壤还任重道远，有的干警司法作风不正甚至发生腐败问题，严重影响司法公信力。**五是**部分中级、基层法院办案压力大，一些审判领域专业化人才短缺。对这些问题和困难，人民法院将采取有力措施，努力加以解决。

2023 年工作建议

2023 年，人民法院要坚持以习近平新时代中国特色社会主义思想为指导，深入贯彻习近平法治思想，全面贯彻落实党的二十大和二十届一中、二中全会精神，认真贯彻中央政法工作会议精神，认真落实本次大会决议，深刻领悟“两个确立”的决定性意义，增强“四个意识”、坚定“四个自信”、做到“两个维护”，忠实履行宪法法律赋予的职责，敢于斗争、善于斗争，稳中求进、守正创新，以审判体系和审判能力现代化服务中国式现代化，为全面建设社会主义现代化国家开好局起好步提供有力司法服务。

一是以习近平法治思想为指引，坚定不移走中国特色社会主义法治道路。在全国法院扎实开展党中央部署的主题教育，用习近平新时代中国特色社会主义思想统一思想、统一意志、统一行动。全面加强党的政治建设，坚决做到维护核心、绝对忠诚、听党指挥、勇于担当。紧密结合法院实际，全面贯彻党的二十大精神，确保党中央决策部署在人民法院不折不扣落实见效。坚持党的领导、人民当家作主、依法治国有机统一，创造更高水平的社会主义司法文明，在法治轨道上全面建设社会主义现代化国家。

二是更好统筹发展和安全，依法服务高水平安全和高质量发展。严厉打击境内外敌对势力渗透、破坏、颠覆、分裂活动。坚决依法惩治一切分裂国家的犯罪分子，维护国家统一。坚定不移反制非法制裁、“长臂管辖”，坚决捍卫我国司法主权和人民利益。严惩严重暴力、涉枪涉爆、跨境赌博、毒品等犯罪。持续推进扫黑除恶常态化。依法惩治粮食、金融、能源资源等领域犯罪，服务防范化解重大风险。依法惩治腐败犯罪，加大行贿犯罪惩处力度。加强个人信息保护，严惩信息网络犯罪。服务更好统筹疫情防控和经济社会发展。切实落实“两个毫不动摇”，发布优化法治环境促进民营经济发展壮大意见，全面贯彻平等保护原则，坚决防止以刑事手段干预经济纠纷，坚决制止侵害企业家人格权的违法行为，坚决保护民营企业和企业家合法财产权益，以司法手段保障中小企业回收应收账款，支持诚信经营，依法保障公平竞争，促进民营经济健康发展、高质量发展。对侵犯民营企业产权和企业家权益的案件，加大监督指导力度，对错案一经发现、坚决予以纠正。完善产权保护、市场准入、公平竞争、社会信用等方面司法政策，服务构建全国统一大市场。加大知识产权司法保护力度，加强反垄断和反不正当竞争司法，健全国家层面知识产权案件上诉审理机制。完善数字经济司法政策。服务区域协调发展战略实施。深化“枫桥式人民法庭”创建。加强环境资源审判，促进绿色发展。建设更高水平的涉外审判体系，服务高水平对外开放。坚持以高质量司法服务高质量发展，让产权和知识产权更有司法保障，契约履行更加有效，创新活力更加得到激发。

三是坚持以人民为中心，扎实推进司法为民、公正司法。倾听群众呼声，坚持问题导向，奔着问题去，真正解决问题，实质化解纠纷，不断满足群众公平正义需要。严惩侵害妇女、儿童、老年人权益的犯罪，切实保障妇女、儿童、老年人、残疾人合法权益。加强劳动权益保障和新就业形态劳动者保护。切实维护消费者合法权益。践行和弘扬社会主义核心价值观。提升一站式多元纠纷解决和诉讼服务体系综合效能。配合推进民事强制执行立法，向着切实解决执行难目标迈进。加强行政审判，服务法治政府建设。推动完善国家赔偿制度。用心用情做好涉军维权工作，坚定维护国防利益和军人军属、退役军人合法权益，促进巩固军政军民团结。加强港澳台侨同胞权益保护。推动完善公益诉讼制度，依法维护公共利益。加强审判监督指导，强化人权司法保障，保障律师执业权利，确保严格公正司法。加大普法宣传力度，推动司法维护公平正义更加深入人心。

四是深化司法体制改革，加快推进审判体系和审判能力现代

化。始终以改革的思维和办法解决改革中出现的新情况新问题，坚持改革不停步，敢啃硬骨头。深化司法体制综合配套改革，全面准确落实司法责任制，加强司法改革创新实践，加快建设公正高效权威的社会主义司法制度。深化以审判为中心的诉讼制度改革。规范司法权力运行，强化对司法活动的制约监督。深化智慧法院建设，完善中国特色互联网司法模式，努力创造更高水平的数字正义。

五是坚持全面从严治党、从严治院，加强法院队伍建设。强化政治监督，巩固法院队伍教育整顿成果，坚决筑牢政治忠诚。自觉接受人大监督、民主监督和各方面监督。优化司法人员分类管理，加大涉外审判等领域紧缺司法人才培养力度。加强基层基础建设，支持革命老区、民族地区、边疆地区基层法院建设。深入调查研究，深入群众，深入一线，扑下身子抓落实。坚定不移从严正风肃纪，加大惩处司法腐败力度，一体推进不敢腐、不能腐、不想腐。贯彻“五个过硬”要求，坚持不懈锻造堪当重任的人民法院铁军。

各位代表，新时代新征程上，我们要更加紧密地团结在以习近平同志为核心的党中央周围，全面贯彻习近平新时代中国特色社会主义思想，弘扬伟大建党精神，牢记“三个务必”，团结奋斗、苦干实干，充分发挥审判职能作用，为全面建设社会主义现代化国家、全面推进中华民族伟大复兴作出新的贡献！

附件一

努力让人民群众在每一个司法案件中感受到公平正义

服务大局、司法为民、公正司法

扫码看图示

最高人民法院鲜明提出

维护核心 绝对忠诚
听党指挥 勇于担当

大力弘扬社会主义核心价值观

树立新时代社会主义司法理念

依法纠正冤错案件
加强人权司法保障

弘扬新时代
人民法院文化

全力配合
“打虎”“拍蝇”“猎狐”

经济社会发展到什么阶段
司法工作就跟进到什么阶段

圆满完成扫黑除恶
专项斗争审判执行任务

建设智慧法院4.0版
创新互联网司法模式

加快推进审判体系
和审判能力现代化

司法体制改革
取得重大进展

一站式多元纠纷解决
和诉讼服务体系全面建成

如期实现
基本解决执行难目标

锻造忠诚干净担当的
法院铁军

新时代人民法庭
建设成果丰硕

司法有力量、有是非、有温度
群众有温暖、有遵循、有保障

附件二

人民法院审判执行工作

1 2013-2022 年地方各级人民法院和专门人民法院办理案件情况

2 2013-2022 年最高人民法院受理、审结案件数量

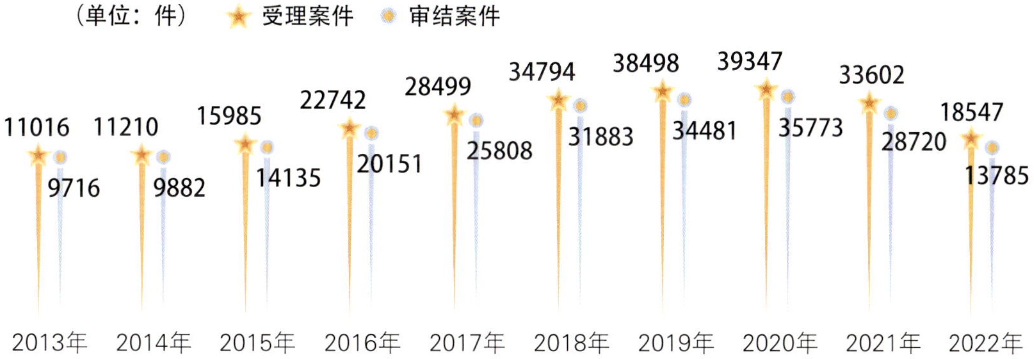

因开展四级法院审级职能定位改革，同时受疫情影响，近年来案件受理量下降
最高人民法院进一步强化审判监督职能

3 2013-2022 年地方各级人民法院和专门人民法院审执结案件数量

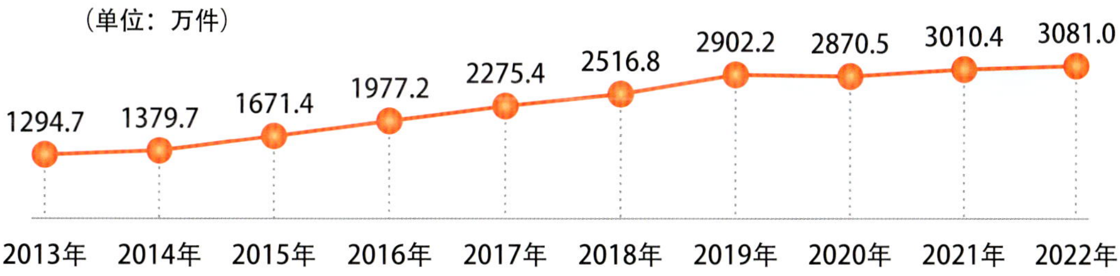

4 2013-2022 年地方各级人民法院和专门人民法院结案标的额

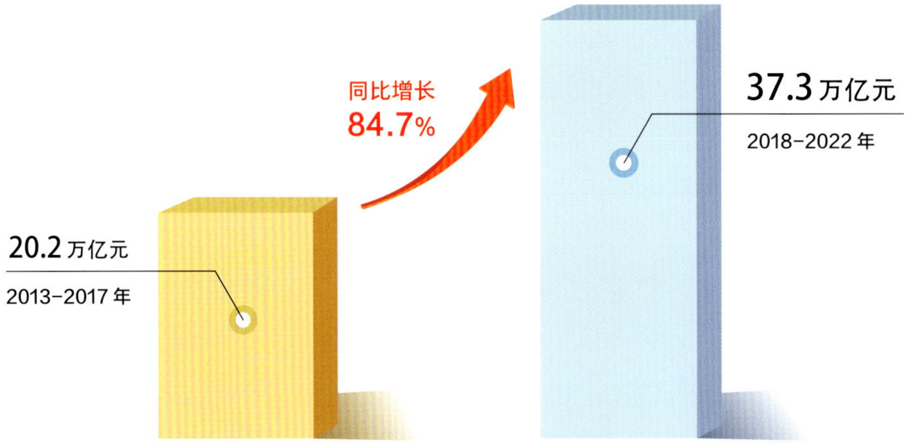

5 审判质效情况

2022年

一审服判息诉率为89.3%

二审后达98%

6 2018-2022 年人民法院审执结案件构成

（单位：万件）

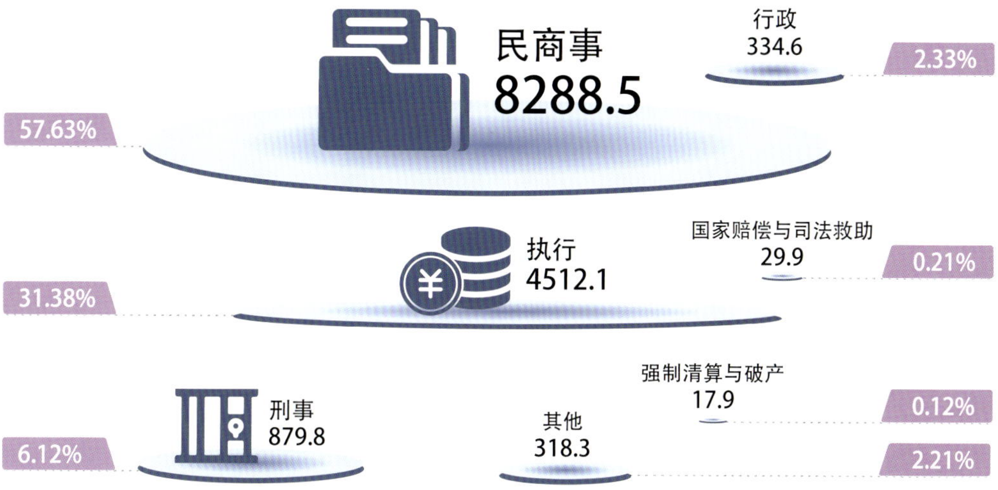

注：“其他”包括管辖、司法协助等案件。

7 2018-2022 年一审刑事案件构成

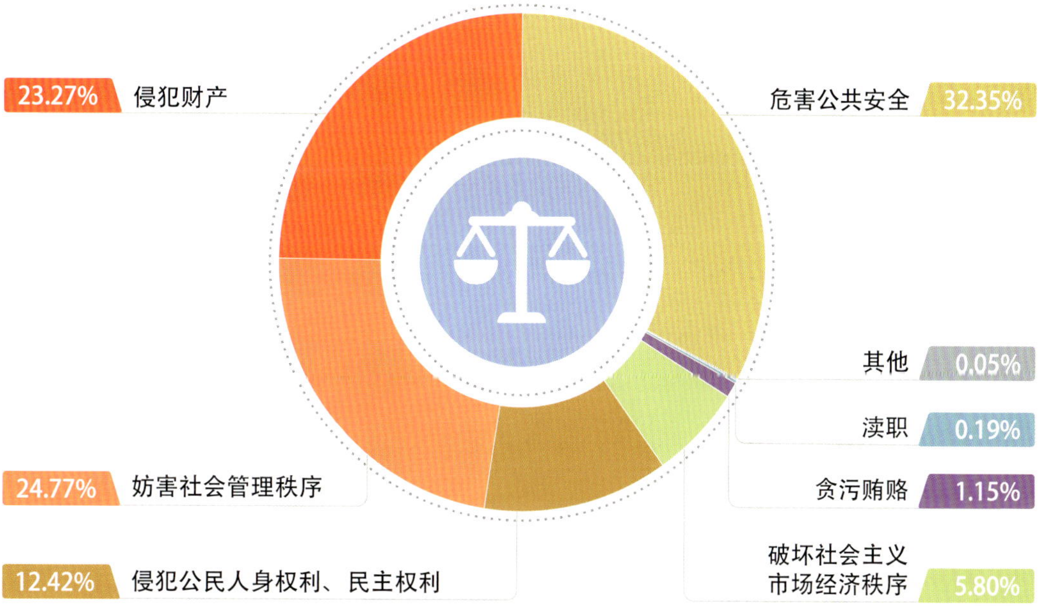

注：“其他”包括危害国家安全、危害国防利益等案件。

8 2018-2022 年排名前十的一审刑事案件

（单位：万件）

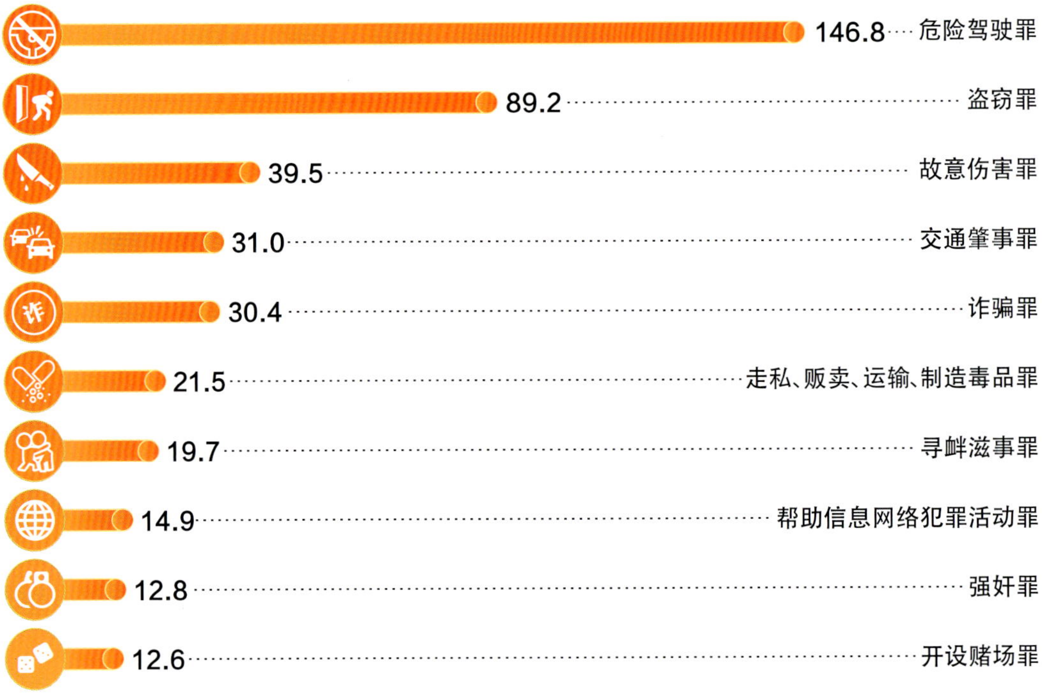

9 2018-2022 年一审民商事案件构成

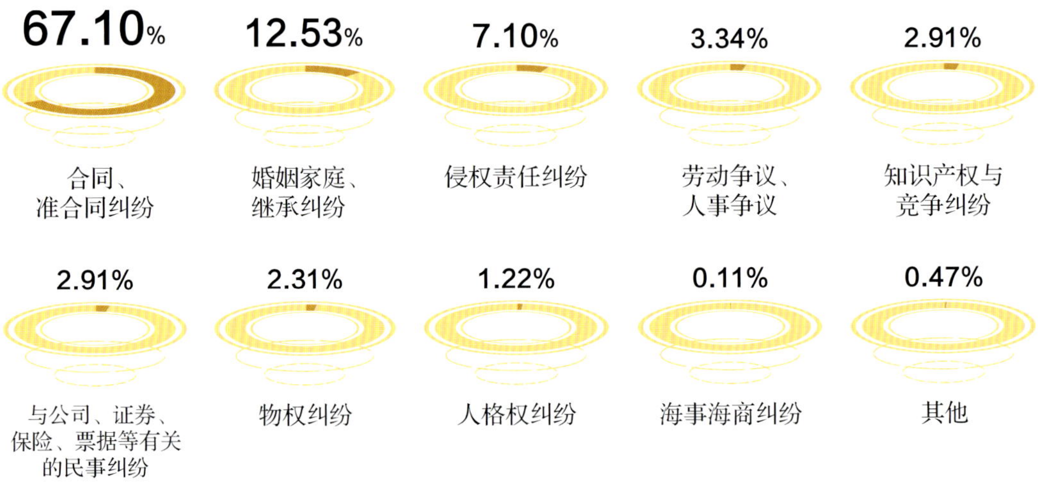

注：“其他”为适用特殊程序案件。

10 2018-2022 年排名前十的一审民商事案件

（单位：万件）

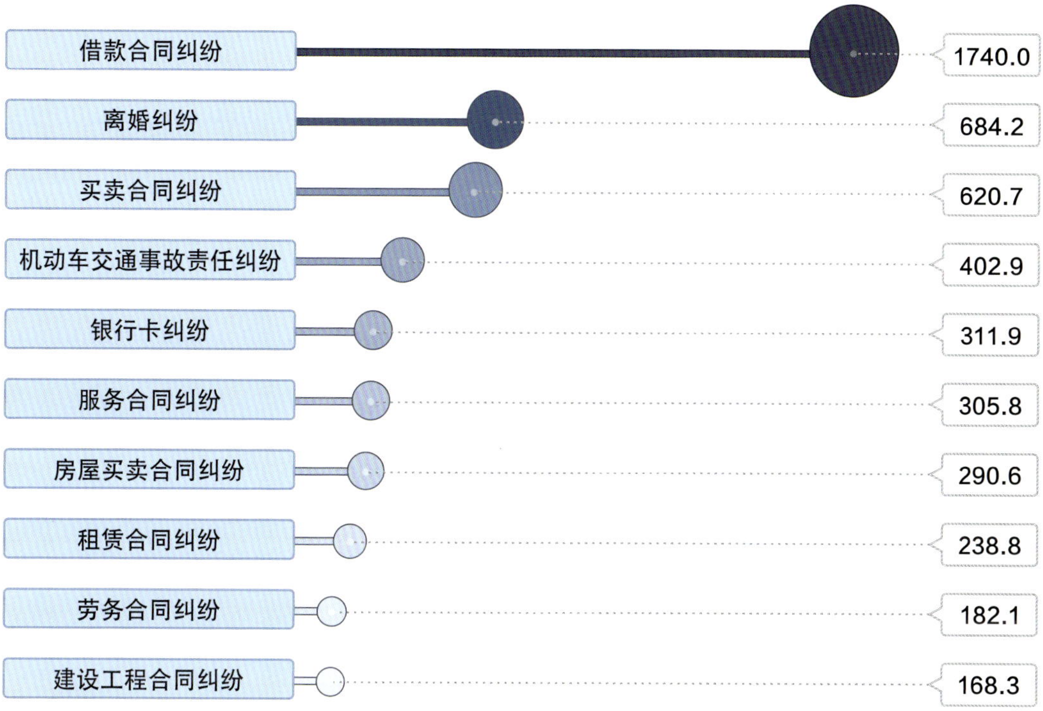

11 2018-2022 年一审行政案件涉及的主要行政管理领域分布情况

（单位：万件）

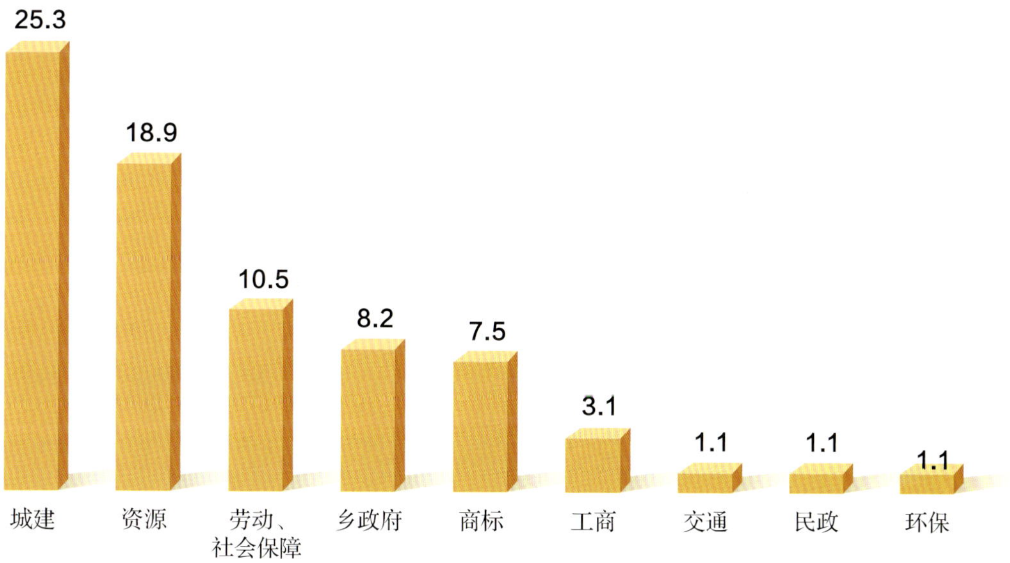

12 最高人民法院巡回法庭工作情况

2015 年最高人民法院一巡、二巡设立　2016 年三巡、四巡、五巡、六巡设立
6 个巡回法庭妥善审理跨行政区域重大行政和民商事案件
较好实现了最高审判机关重心下移、就地解决纠纷、方便群众诉讼等目标

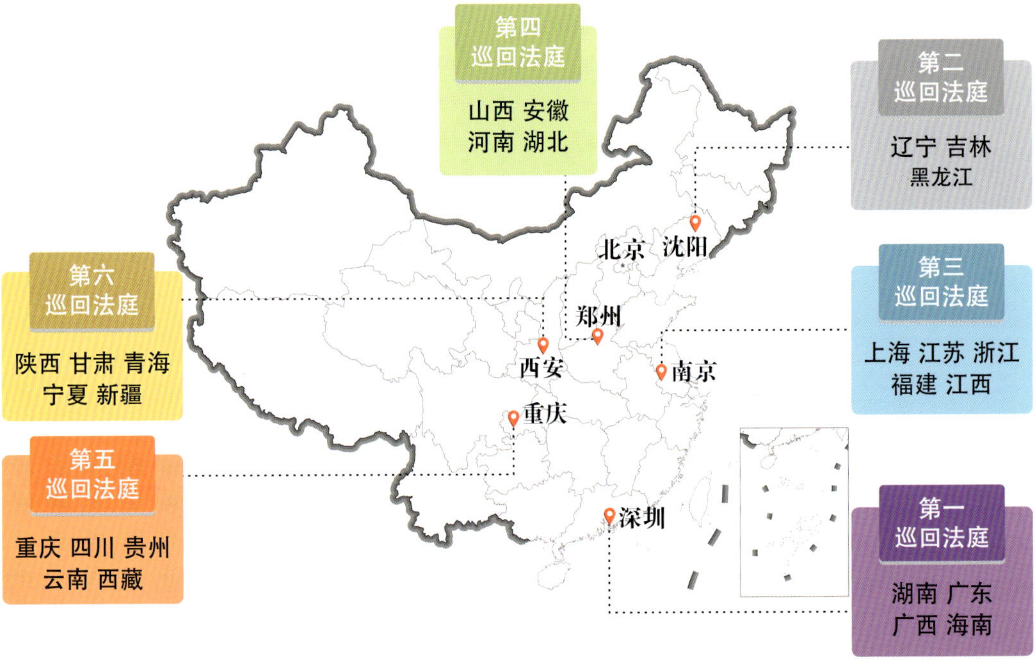

6个巡回法庭自设立以来共审结案件**8.6万件**　2018年以来涉诉进京访年均下降**44.5%**

注：最高人民法院本部直接受理北京、天津、河北、内蒙古、山东五省区市有关案件。

13 法官员额制改革以来法官年人均办案量

（单位：件）

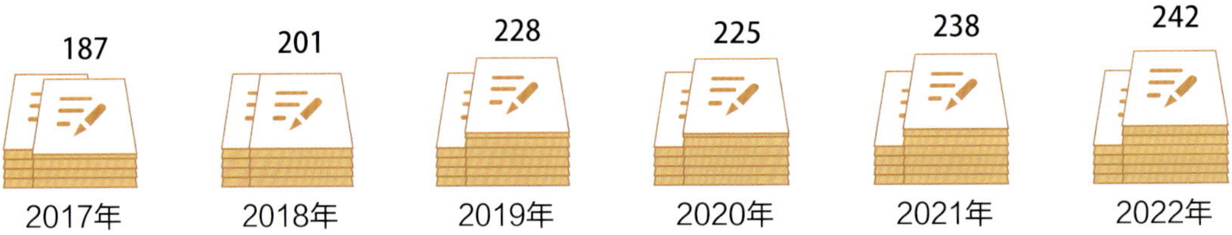

附件三

服务更高水平的平安中国建设

新时代推动法治进程
2022 年度十大案件

1 2013-2022 年刑事犯罪案件走势图

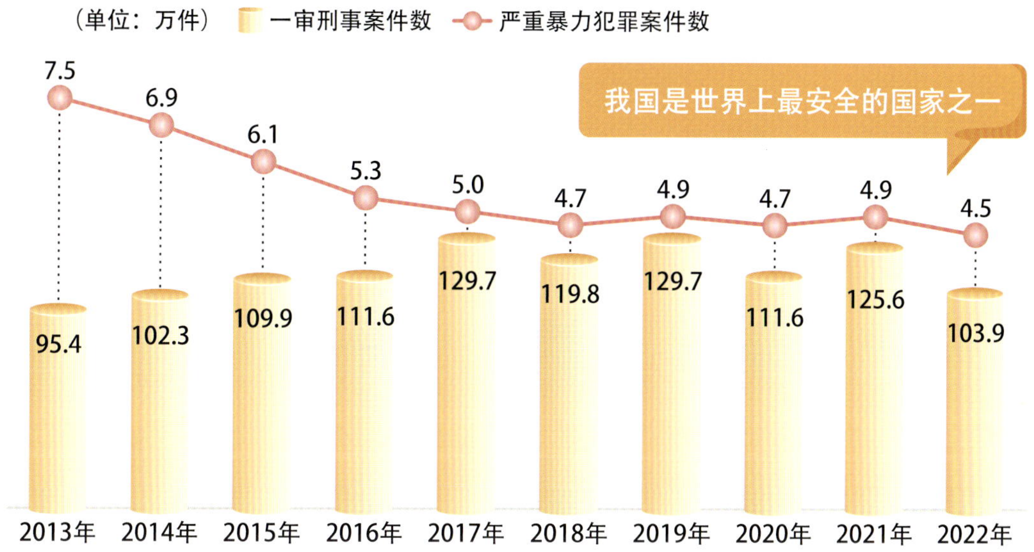

注：严重暴力犯罪的统计范围主要涵盖故意杀人罪、强奸罪、抢劫罪、绑架罪、爆炸罪等。

2 持续开展扫黑除恶斗争

依法严惩

涉黑犯罪案件：重刑率 46.3%

涉恶犯罪案件：重刑率 24.3%

判处孙小果、杜少平、陈辉民、黄鸿发等人死刑

综合治理

- 移送问题线索 5.6万条
- 提出司法建议 3.8万件
- 全力配合推进行业整治

打伞破网

严惩涉黑涉恶腐败和“保护伞”

打财断血

“黑财”执行到位2461亿元

推进扫黑除恶常态化

3 依法惩治腐败犯罪

打虎拍蝇

- 严惩重大职务犯罪
- 依法适用终身监禁
- 严惩“蝇贪”“蚁腐”

追逃追赃

- “红通人员”回国受审
- 适用缺席审判程序
- 适用违法所得没收程序

织密法网

- 完善监察执法与刑事司法衔接机制
- 严惩行贿犯罪
- 规范职务犯罪“减假暂”

4 重拳惩治影响群众安全感的犯罪

食品药品安全

联合开展食用农产品“治违禁、控药残、促提升”三年行动

出行安全

发布依法惩治妨害公共交通工具安全驾驶违法犯罪行为的意见

头顶上、脚底下安全

发布审理高空抛物、坠物案件意见
发布办理涉窨井盖刑事案件意见

生产安全

发布办理危害生产安全刑事案件司法解释及典型案例
审结相关案件1.1万件

钱袋子安全

严惩电信网络诈骗犯罪
严惩涉众型经济犯罪

积极参加禁毒斗争

加大对涉新型毒品、农村地区毒品犯罪惩处力度

5 严惩针对妇女、儿童、老年人的犯罪

严惩拐卖妇女儿童犯罪

审结相关案件**3406**件
重刑率**43.1%**

严惩性侵犯罪

对性侵未成年人的赵志勇、何龙等坚决依法判处死刑

参加全国打击整治养老诈骗专项行动

严惩针对老年人的非法集资等犯罪，判处罪犯**4523**人，追赃挽损**31.9**亿元

附件四

服务统筹疫情防控和经济社会发展

1 精准服务做好“六稳”工作、落实“六保”任务

- 依法妥善审理涉疫情民事案件若干问题指导意见（一）（二）（三）
- 依法妥善处理涉疫情旅游合同纠纷有关问题通知
- 依法妥善办理涉疫情执行案件若干问题指导意见
- 助力中小微企业发展20条
- 促进消费30条
- 稳定就业14条
- 发布服务保障疫情防控期间复工复产典型案例3批31个
- 妥善化解合同履行、商铺租赁、物流运输等涉疫纠纷77.9万件

2 加强涉疫矛盾纠纷化解

- 梳理涉诉信访工作情况，分析社会矛盾纠纷突出风险点，提前做好研究应对，促进矛盾化解在早在小
- 各地法院走进园区、主动对接企业需求，通过提供法律咨询等方式，帮助企业应对涉疫法律问题

3 审判执行不停摆、公平正义不止步

新冠疫情防控以来

网上立案	网上开庭	网上证据交换	网上异地执行
2996万件	504万场	819万件次	593万件次

附件五

服务构建新发展格局、推动高质量发展

非凡十年"看"法院

（一）服务创新驱动发展

1 2013-2022 年一审知识产权案件情况

（单位：万件）

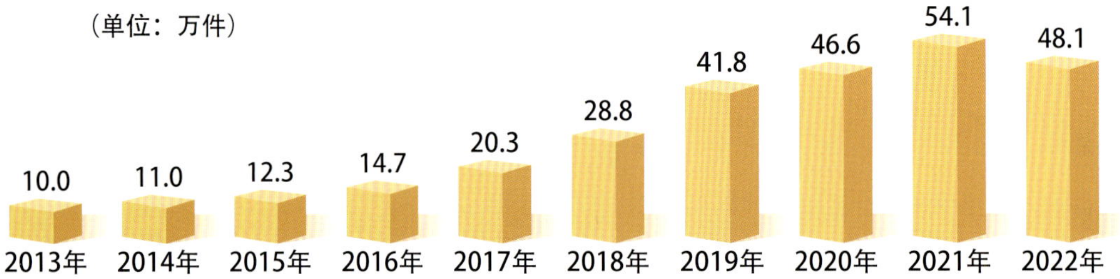

2 加强知识产权司法保护

种业种源

- 发布审理侵害植物新品种权纠纷案件司法解释
- 发布进一步加强涉种子刑事审判工作的指导意见

新兴领域创新

- 审理涉人工智能、共享单车等案件
- 加强反垄断和反不正当竞争司法

医药行业

- 发布落实药品专利链接制度司法解释
- 出台加强中医药知识产权司法保护16条措施

科技创新成果

审理涉5G通信、新能源新材料、高端装备制造等高新技术案件

3 不断提升知识产权司法保护水平

深化知识产权民事、行政和刑事案件审判"三合一"改革

全面总结最高人民法院知识产权法庭三年试点工作情况，深化国家层面知识产权案件上诉审理机制建设

我国知识产权专业化审判体系基本形成

（二）服务优化营商环境

司法助力
全国统一大市场建设 30 条

1 加强产权司法保护

坚持“两个毫不动摇”
不论国有民营、内资外资、大中小微企业
一律平等对待、一视同仁

纠正张文中案等重大
涉产权刑事冤错案件
209件283人

2 营造良好金融法治环境

服务实体经济
防控金融风险
深化金融改革

- 出台为设立科创板、创业板改革、设立北交所提供司法保障意见
- 修订司法解释，大幅下调民间借贷利率司法保护上限
- 严惩资本市场违法犯罪
- 推进金融领域纠纷多元化解机制建设
- 强化金融审判专业化建设

3 促进市场要素资源高效配置

审结破产案件 **4.7万** 件
涉及债权 **6.3万亿** 元

充分发挥破产重整作用
海航集团等企业获得新生

探索个人破产制度

4 我国营商环境世界排名情况

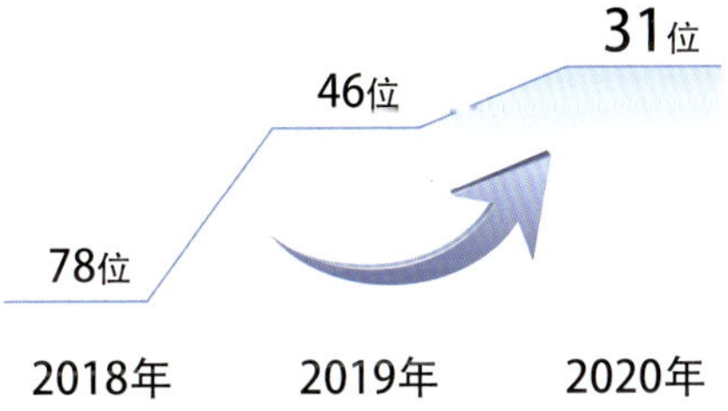

“执行合同”
指标全球第**5**

为我国营商环境全球排名
从2015年第**90**名
升至2020年第**31**名
作出积极贡献

细分单项指标
“司法程序质量”
并列全球第**1**

注：以上数据源于世界银行每年发布的营商环境报告。疫情发生以来，未进行新的评估。

（三）服务生态文明建设

司法呵护绿水青山

1 2018–2022 年一审环境资源案件情况

审结环境资源案件 129.3万件

审结环境公益诉讼案件 1.7万件

2 践行绿水青山就是金山银山理念

发布中国生物多样性司法保护报告和典型案例

发布办理破坏野生动物资源刑事案件司法解释

发布涉森林资源、海洋自然资源、矿产资源等司法解释和意见

发布为积极稳妥推进碳达峰碳中和提供司法服务的意见和典型案例

构建流域司法协作机制加强大江大河系统保护和综合治理

发布生态环境侵权惩罚性赔偿司法解释

联合国环境规划署数据库收录我国案例和白皮书

3 基本建成中国特色环境资源审判组织体系

2014年最高人民法院环境资源审判庭设立

30个高级人民法院以及新疆生产建设兵团分院成立环境资源审判庭

在南京、兰州、昆明、郑州、长春、乌鲁木齐设立环境资源专门法庭

全国法院共设立环境资源专门审判机构或审判组织2426个

附件六

人民法院助力
粤港澳大湾区建设

服务高水平对外开放

1 2018–2022 年涉外商事案件情况

（单位：万件）

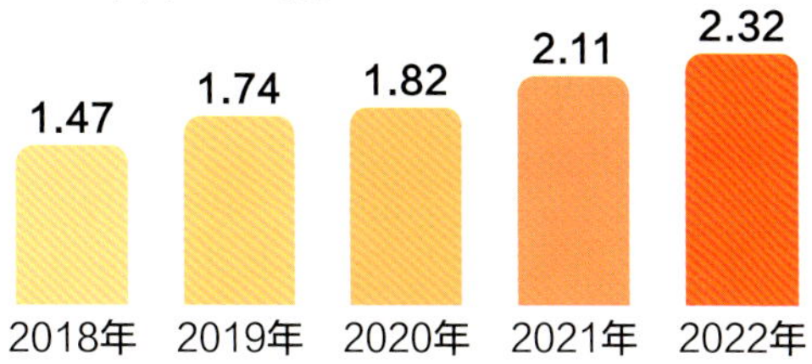

2 服务对外开放重大战略实施

发布实施

- 服务进一步扩大对外开放意见
- 服务上海临港新片区建设意见
- 服务北京“两区”建设意见
- 服务横琴粤澳深度合作区建设意见
- 进一步服务“一带一路”建设意见
- 服务海南自由贸易港建设意见
- 服务前海深港现代服务业合作区建设意见

3 扎实推进国际商事争端解决优选地建设

推进国际商事法庭建设

- 在深圳、西安设立最高人民法院第一、第二国际商事法庭
- 创立国际商事专家委员会制度
- 支持苏州、北京、成都、长春、厦门、泉州、无锡、南宁、杭州、宁波等地设立国际商事法庭

“一站式”国际商事纠纷多元化解决平台

建立诉讼与仲裁、调解有机衔接的
“一站式”国际商事纠纷多元化解决机制

4 推进国际海事司法中心建设

形成包括11个海事法院、42个派出法庭在内的全国海事审判组织体系

定期发布海事审判白皮书（中英文版）

与高等院校、科研机构共建国际海事司法研究基地

上线中国海事审判网

✓服务海事审判工作 ✓满足群众司法需求 ✓传播中国法治声音

越来越多外国当事人主动选择中国法院管辖

5 深化国际司法交流合作

世界环境司法大会
主要成果：昆明宣言

海上丝绸之路（泉州）司法合作国际论坛

世界执行大会
主要成果：上海宣言

世界互联网法治论坛
主要成果：乌镇宣言

中国与葡萄牙语国家最高法院院长会议
主要成果：广州声明

数字经济法治论坛

中国—东盟大法官论坛
主要成果：南宁声明

金砖国家大法官论坛
主要成果：北京海南共同声明

上海合作组织成员国最高法院院长会议
主要成果：联合声明

最高人民法院已与140多个国家和地区的司法机构及20多个国际或区域性组织建立友好交往关系，签署70多个合作协议或备忘录

已有200余位外国最高法院院长、首席大法官到访中国法院

附件七

加强民生司法保障

1 深入贯彻实施民法典

推动民商事案件裁判尺度统一

★ 全面完成司法解释、规范性文件和指导性案例清理
★ 出版《中国民法典适用大全》收录案例3000余件

推动民法典走进千家万户

★ 与中央宣传部等8家单位开展“美好生活・民法典相伴”主题宣传活动
★ 与中央广播电视总台共同策划播出《案说民法典》系列节目
★ 推出《一分钟带你了解民法典》系列普法动漫

强化典型案件示范引领

★ 依法审理老旧小区加装电梯、居住权、人格权、自甘风险等民法典适用“第一案”
★ 发布29件贯彻实施民法典典型案例

2 大力弘扬社会主义核心价值观

漫说社会主义核心价值观经典案例

支持正当防卫

高铁霸座案

吃“霸王餐”逃单摔伤索赔案

定分止争 明辨是非 激浊扬清 惩恶扬善

3 依法保障民生权益

审结人格权纠纷案件**87.5万**件

审结房地产纠纷案件**460.4万**件

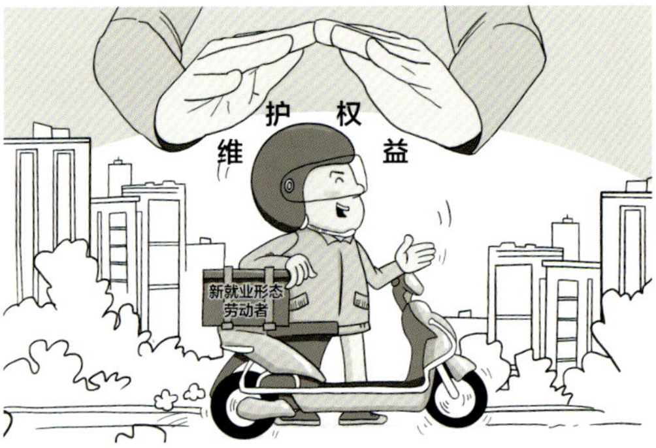

出台维护新就业形态劳动者权益意见
保护外卖骑手等合法权益

出台网络消费司法解释
保护网络消费者合法权益

4 维护和促进社会公平

- 修改司法解释，将人身损害赔偿统一按城镇居民标准计算
- 发布促进妇女平等就业政策文件，审理女员工怀孕被解雇等案件
- 出台加强残疾人司法保护意见
- 完善国家赔偿和司法救助制度
  救助困难群众**23.3万**人，发放救助金**48.7亿**元

5 全面加强未成年人司法保护

落实家庭教育促进法
通过**家庭教育令**督促甩手家长“依法带娃”

- 常态化开展“法治进校园”活动
- 加强中小学生校园欺凌和暴力防治
- **2.1万**名干警受聘为法治副校长
- 中国法院博物馆开展“博物馆里的法治课堂·守护少年的你”系列活动

联合开展**网络“清朗”行动**
为少年儿童营造清朗网络空间

健全预防惩治侵害未成年人犯罪联动机制

- 出台加强新时代未成年人审判工作意见
- 出台落实**从业禁止**制度的意见
- 成立最高人民法院少年法庭工作办公室及六个“少年法庭巡回审判点”
全国法院设立少年法庭**2181**个

针对未成年人保护和犯罪预防薄弱环节提出完善制度、改进管理的**司法建议**

6 维护家庭和谐幸福

《家事如天》

2018年
发布进一步深化家事审判方式和工作机制改革的意见

2019年
会同全国妇联发布建立健全妇女儿童权益保护工作机制的通知

2021年
上线运行“中国法院家事审判网”

2022年
关于内地与香港特别行政区法院相互认可和执行婚姻家庭民事案件判决的安排正式生效

2022年
发布为实施积极应对人口老龄化国家战略提供司法服务和保障的意见

持续推进预防和制止家庭暴力工作

- 联合出台加强人身安全保护令制度贯彻实施意见
- 签发人身安全保护令**1.3万**份
- 发布办理人身安全保护令案件司法解释
- 发布人身安全保护令十大典型案例

附件八

一站式多元纠纷解决和诉讼服务体系效能充分释放

1 一站式建设进程

坚持和发展新时代“枫桥经验”，创新提出建设一站式多元纠纷解决和诉讼服务体系

2019
出台建设一站式多元解纷机制、一站式诉讼服务中心意见
全面推进一站式建设

2020
建设一站式服务平台体系

2021
如期完成“基本建成一站式”目标
实现一站通办、一网通办、一号通办、一次通办

2022
建成中国特色一站式多元纠纷解决和诉讼服务体系
提供菜单式、集约式、一站式服务

2 推动矛盾纠纷多元化解

人民法院调解平台

“总对总”在线多元调解新格局

中央台办、全国总工会、中国侨联、全国工商联、国家发展改革委、中国中小企业协会、人力资源社会保障部、国家知识产权局、中国证监会、中国银保监会、人民银行、退役军人事务部

2022年

全国法院诉前调解成功案件**895**万件
较上一年增长**46.6%**

3 在线调解高效解纷

在线调解纠纷
3832万件

调解组织
9.6万个

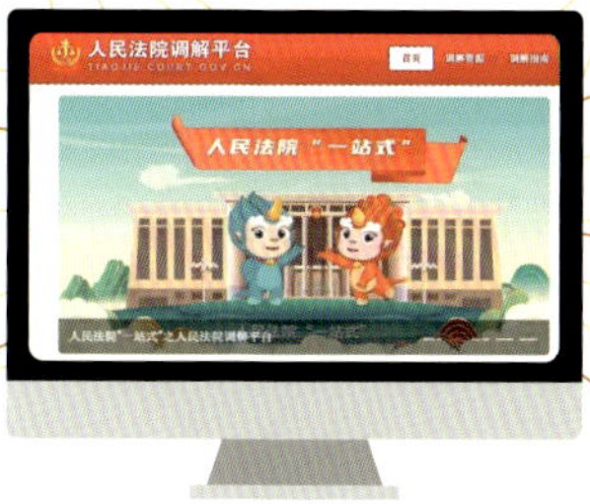

调解员
37.2万名

纠纷调解平均用时
13.3天
(不到一审民事案件平均审理周期的1/3)

2022年平均每分钟诉前化解
75件

4 多元普惠诉讼服务

巩固立案登记制改革成果 有案必立、有诉必理

累计提供跨域立案服务16.7万件

网上申诉信访平台

- 有信必录
- 有访必录
- 有录必全
- 有信必复

跨境诉讼当事人网上立案

为华人华侨、港澳台同胞等提供网上立案服务

12368 一号响应

联系法官、查询案件、诉讼咨询

律师服务平台

- 44.8万名律师、基层法律服务工作者注册使用
- 在线办理立案、阅卷等事项884.2万件次
- 为律师排期避让49.1万次

律师服务平台

诉讼服务大厅一站通办

- 50多项诉讼服务
- 绿色服务窗口（为老年人、军人等群体提供优先服务）

附件九

形成中国特色执行制度、机制和模式

1 2018-2022 年执行案件情况

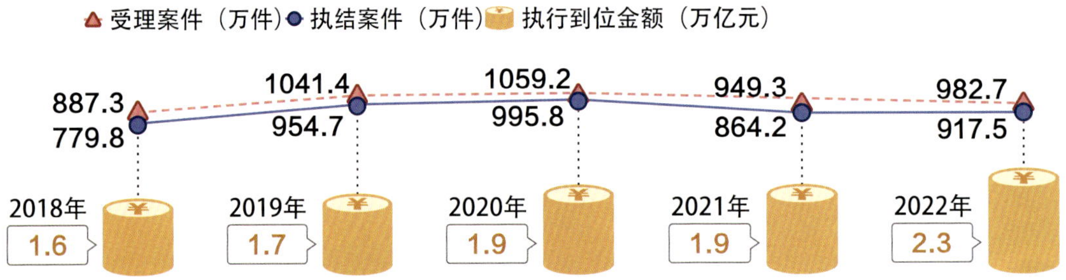

2 加强执行规范体系建设

3 推动执行工作模式变革

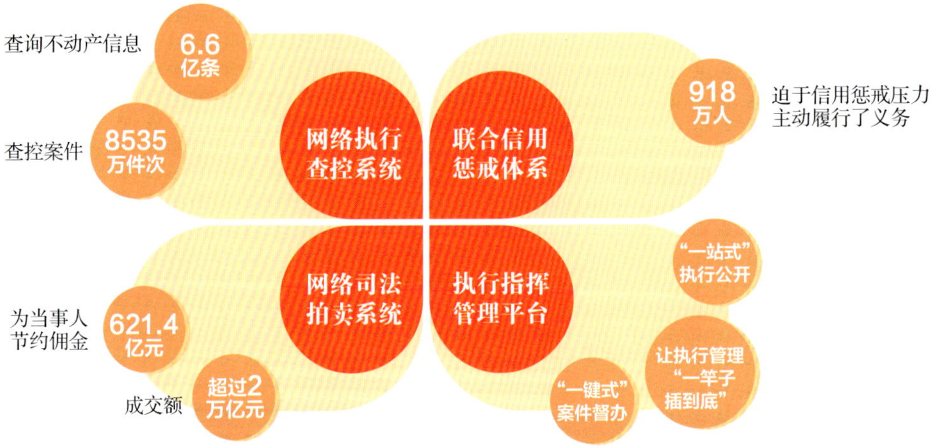

2019年如期实现基本解决执行难目标

附件十

推动新时代人民法庭工作高质量发展

2020年

召开第四次
全国人民法庭工作会议

2021年

以推动新时代人民法庭工作高质量发展为主题
召开全国高级法院院长座谈会

发布推动新时代人民法庭工作
高质量发展的意见

先后发布**4**批**145**个
新时代人民法庭建设案例

2022年

开展“枫桥式人民法庭”创建活动
开展人民法庭服务新型城镇化建设试点

《中国法庭》

截至2022年底，全国实际运行的
人民法庭**10050**个

6853个 乡村法庭

948个 城区法庭

2249个 城乡结合法庭

马背法庭、车载法庭开展巡回审判，畅通司法服务群众“最后一公里”

2018年至2022年，全国人民法庭审结案件**2286.4**万件，占基层法院结案总数的**29.7%**

附件十一

全面深化司法体制改革

《领航》第七集
“良法善治”

1 全面准确落实司法责任制

法官员额制改革

- 改革前原有21.2万名法官
  改革后遴选产生**12.8万**名员额法官
- 员额法官逢任必选、能进能出、动态调整
- 85%以上法院人员向办案一线集中

健全新型审判权力运行机制

让审理者裁判
由裁判者负责

加强司法制约监督

- 完善审判权责清单
- 加强“四类案件”识别和监督管理
  - 重大、疑难、复杂、敏感的案件
  - 涉及群体性纠纷或者引发社会广泛关注，可能影响社会稳定的案件
  - 与本院或者上级人民法院的类案裁判可能发生冲突的案件
  - 有关单位或者个人反映法官有违法审判行为的案件
- 强化院庭长法定监督管理
- 统一法律适用

2 稳步推进四级法院审级职能定位改革

基层人民法院

准确查明事实
实质化解纠纷

中级人民法院

二审有效终审
精准定分止争

高级人民法院

再审依法纠错
统一裁判尺度

最高人民法院

监督指导全国审判工作
确保法律正确统一适用

3 推进人民法院组织体系改革

加强专门人民法院建设

- **军事法院**：贯彻依法治军战略，服务国防和军队现代化建设
- **海事法院**：大连、天津、青岛、上海、宁波、厦门、广州、北海、海口、武汉、南京11个海事法院
- **知识产权法院**：北京、上海、广州和海南自由贸易港知识产权法院
- **金融法院**：北京、上海、成渝金融法院

加强专业化审判机制建设

- 知识产权
- 破产
- 环境资源
- 劳动争议
- 其他领域

4 司法体制改革成果上升为立法

- **司法责任制、法官员额制改革成果** —— 写入人民法院组织法、法官法
- **认罪认罚从宽制度改革成果** —— 写入刑事诉讼法
- **民事诉讼程序繁简分流改革成果** —— 写入民事诉讼法
- **人民陪审员制度改革成果** —— 写入人民陪审员法

坚定不移将司法体制改革进行到底

加快推进审判体系和审判能力现代化

附件十二

全面建设智慧法院

- 电子卷宗随案同步生成和网上流转
  上诉案件卷宗移送平均耗时由15天降至数分钟
- 智能辅助办案工具让法官事务性工作减轻30%以上，庭审效率提升20%以上
- 全国建设科技法庭5万余个

- 建成全世界最大的司法审判信息资源库
  汇聚案件信息超过2.9亿件
- 形成1317份司法大数据报告
- 建成智慧法院实验室

推动现代科技与法院工作深度融合

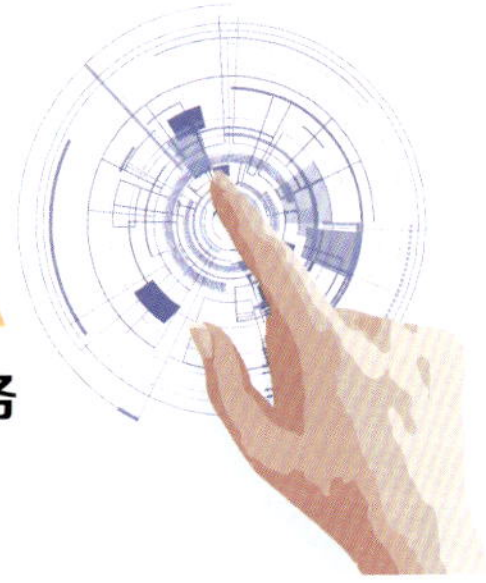

全业务网上办理、全流程依法公开、全方位智能服务

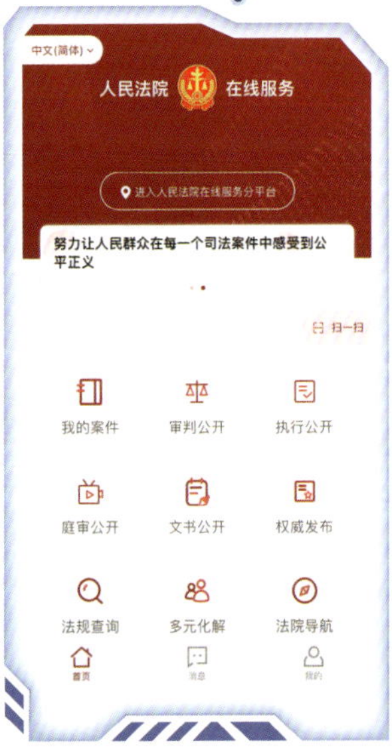

附件十三

中国特色互联网司法模式

1 加强互联网法院建设

杭州互联网法院 2017年8月18日成立

北京互联网法院 2018年9月9日成立

广州互联网法院 2018年9月28日成立

互联网法院自成立至2022年底

- 受理案件**42.9**万件
- 审结**41.5**万件
- 在线立案申请率**98.5%**
- 在线庭审率**99.2%**
- 比线下诉讼缩短约**25%**的时间
- 服判息诉率**95.9%**

→ **司法公正与效率有机统一**

2 构建全流程在线诉讼模式

在线身份认证提起诉讼 → 在线调解 → 在线立案 → 在线庭审 → 网上执行 → 电子卷宗归档

3 健全互联网司法规则体系

- 人民法院在线诉讼规则
- 人民法院在线调解规则
- 人民法院在线运行规则
- 加强区块链司法应用意见
- 规范和加强人工智能司法应用意见（辅助审判原则：人工智能只能辅助、不能代替法官裁判）

努力实现更高水平的数字正义

附件十四

开放、动态、透明、便民的阳光司法机制

中国审判流程信息公开网

通过网站、短信、微信等多种渠道向当事人及其诉讼代理人推送案件流程信息

中国庭审公开网

累计直播案件2111万场
访问量581亿人次

中国裁判文书网

累计公开裁判文书1.4亿份
访问量1002亿次

中国执行信息公开网

向当事人全面公开执行案件信息

各级人民法院加快推进媒体融合发展，构建全媒体传播体系，形成全国四级法院新媒体矩阵，健全新闻发布会制度，及时发布权威信息，为社会公众了解法院提供便利。

开展全媒体直播活动

“给大法官留言”“院长信箱”

举办公众开放日活动

最高人民法院召开新闻发布会155场

最高人民法院微信公众号粉丝数量422.4万

最高人民法院微博粉丝数量1843.7万

附件十五

锻造忠诚干净担当的法院铁军

先进典型代表感人事迹

1 筑牢政治忠诚

习近平法治思想进教材进课堂进头脑 59万名干警政治轮训全覆盖

扎实开展“不忘初心、牢记使命”主题教育、党史学习教育

深入开展
- “坚持党对司法工作的绝对领导，坚持中国特色社会主义法治道路”专题教育
- “深刻领悟‘两个确立’决定性意义，坚决做到‘两个维护’”主题教育

2 弘扬英模精神

持续开展向邹碧华等先进典型学习活动

全国法院共有2363个集体、2799名个人受到中央和国家机关表彰奖励

100个中级、基层法院被命名为“为群众办实事示范法院”

周春梅、李庆军、胡国运、魏晶晶、杨军、滕启刚、鲍卫忠等95名法官牺牲

3 建设高素质专业化审判队伍

2019–2023年全国法院教育培训规划

设立最高人民法院青年法官（雄安新区）实践基地

最高人民法院接收安置军队转业干部60人

评选全国审判业务专家104名
省级审判业务专家1545名

加强涉外法治人才培养

最高人民法院法官**沈红雨**
当选国际劳工组织行政法庭法官

最高人民法院法官**高晓力**
当选联合国上诉法庭法官

最高人民法院法官**孙祥壮**
当选联合国争议法庭法官

最高人民法院退休法官**张勇健**
担任新加坡国际商事法庭国际法官
和卡塔尔国际法院法官

培养评定双语法官**2373**名

最高人民法院接收
挂职和研修学者**64**人
法律实习生**398**人（不含巡回法庭）

- 加强国家法官学院及**32**个分院建设
- 通过“人民法院大讲堂”等平台线上线下培训干警**975.6**万人次

人民法院大讲堂

4 确保公正廉洁司法

一刻不停全面从严治党、从严治院

- 深入开展法院队伍教育整顿
- 深入开展司法作风突出问题集中整治
- 加强司法巡查和审务督察
- 严格执行防止干预司法“三个规定”，有干预就报告、有过问就上报正在成为干警习惯

最高人民法院查处违纪违法干警人数

（单位：人）

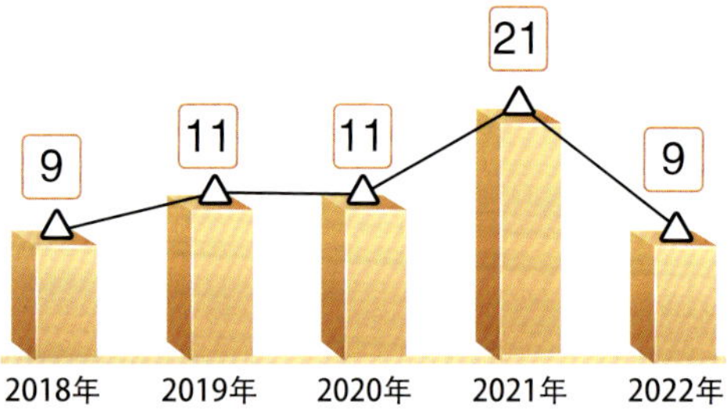

全国法院查处利用审判执行权违纪违法干警人数

（单位：人）

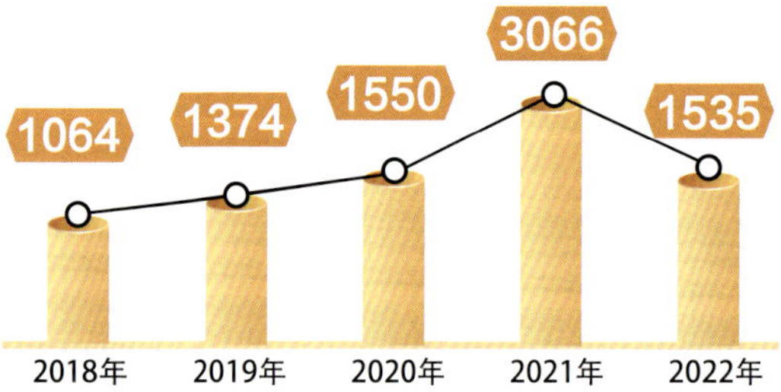

注：最高人民法院1635人（其中政法编制在编1197人）。全国法院59万人（其中政法编制在编33万人）。

附件十六

加强新时代人民法院文化建设

《底线》精彩片段

弘扬以

忠诚为民、崇法尚德、公正廉洁、刚正不阿、改革创新

为主要内容的新时代人民法院文化

- 成立中国法官文联
- 成立中华司法研究会
- 加强各地法院院史馆、档案馆、图书馆等建设

中国法院博物馆
CHINA COURT MUSEUM

百年审判成就展VR展厅

“人生难题 总有办法”

“一刻也不离开群众”

“选择这条路
就肩负起人间冷暖”

附件十七

全国人大代表建议、全国政协提案落实情况

1 2018–2022 年代表建议、政协提案办理情况

涵盖947名代表 355名委员

1965件 代表建议 同比增长 42.3%

1861件 日常建议

819件 政协提案 同比增长 52.0%

全部办结

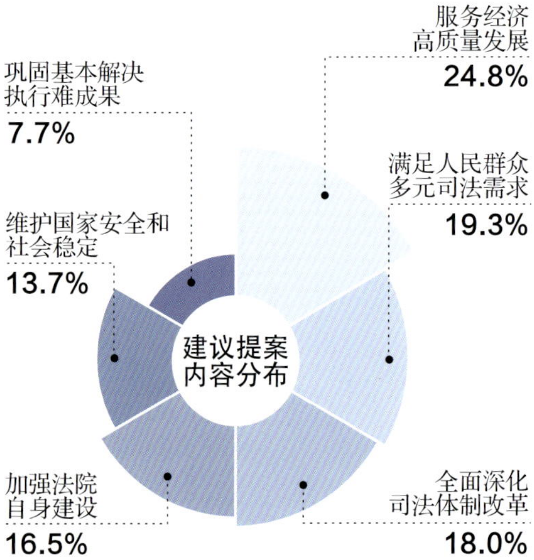

2 2018–2022 年代表、委员联络工作情况

列席审委会、参加座谈会 3605人次

专项视察人民法院工作 667次

走访代表、委员 4663次

旁听庭审、见证执行 1007次

参与的代表、委员 14517人次

2018–2022 年建议提案分项办理情况

2018–2022 年建议提案详细落实情况

2018–2022 年建议提案公开复文情况

全国人大代表全国政协委员联络沟通平台

附件十八

2018-2022 年最高人民法院发布的部分司法解释与规范性文件

部分司法解释与规范性文件

司法解释

1. 关于适用《中华人民共和国民法典》总则编若干问题的解释
2. 关于审理使用人脸识别技术处理个人信息相关民事案件适用法律若干问题的规定
3. 关于适用《中华人民共和国外商投资法》若干问题的解释
4. 关于适用《中华人民共和国刑事诉讼法》的解释
5. 关于办理窝藏、包庇刑事案件适用法律若干问题的解释（联合最高人民检察院）
6. 关于审理侵害植物新品种权纠纷案件具体应用法律问题的若干规定（二）
7. 关于办理危害生产安全刑事案件适用法律若干问题的解释（二）（联合最高人民检察院）
8. 关于办理危害食品安全刑事案件适用法律若干问题的解释（联合最高人民检察院）
9. 关于审理走私、非法经营、非法使用兴奋剂刑事案件适用法律若干问题的解释
10. 关于证券纠纷代表人诉讼若干问题的规定
11. 关于适用《中华人民共和国反不正当竞争法》若干问题的解释
12. 关于审理侵犯商业秘密民事案件适用法律若干问题的规定
13. 关于生态环境侵权案件适用禁止令保全措施的若干规定
14. 关于修改《最高人民法院关于审理人身损害赔偿案件适用法律若干问题的解释》的决定
15. 关于审理行政协议案件若干问题的规定
16. 关于审理网络消费纠纷案件适用法律若干问题的规定（一）

……

司法规范性文件

1. 关于认真学习宣传贯彻《中华人民共和国宪法》的通知
2. 关于为加快建设全国统一大市场提供司法服务和保障的意见
3. 关于为新时代加快完善社会主义市场经济体制提供司法服务和保障的意见（联合国家发展改革委）
4. 关于为推动经济高质量发展提供司法服务和保障的意见
5. 关于充分发挥司法职能作用助力中小微企业发展的指导意见
6. 关于为实施乡村振兴战略提供司法服务和保障的意见
7. 关于进一步发挥审判职能作用为打好三大攻坚战提供司法服务和保障的通知
8. 关于充分发挥审判职能作用为企业家创新创业营造良好法治环境的通知
9. 关于贯彻《中华人民共和国长江保护法》的实施意见
10. 关于加强新时代知识产权审判工作为知识产权强国建设提供有力司法服务和保障的意见
11. 关于为黄河流域生态保护和高质量发展提供司法服务与保障的意见
12. 关于为长江三角洲区域一体化发展提供司法服务和保障的意见
13. 关于为新时代东北全面振兴提供司法服务和保障的意见
14. 关于为新时代推动中部地区高质量发展提供司法服务和保障的意见
15. 关于为新时代推进西部大开发形成新格局提供司法服务和保障的意见
16. 关于为粤港澳大湾区建设提供司法服务和保障的意见
17. 关于为成渝地区双城经济圈建设提供司法服务和保障的意见
18. 关于新时代加强和创新环境资源审判工作为建设人与自然和谐共生的现代化提供司法服务和保障的意见
19. 关于人民法院服务保障进一步扩大对外开放的指导意见
20. 关于人民法院进一步为“一带一路”建设提供司法服务和保障的意见
21. 关于为进一步推进服务业改革开放发展提供司法保障的意见
22. 关于为稳定就业提供司法服务和保障的意见

23 关于为促进消费提供司法服务和保障的意见

24 关于加强中医药知识产权司法保护的意见

25 关于深入推进社会主义核心价值观融入裁判文书释法说理的指导意见

26 关于依法妥善审理高空抛物、坠物案件的意见

27 关于依法适用正当防卫制度的指导意见（联合最高人民检察院、公安部）

28 关于加强人身安全保护令制度贯彻实施的意见（联合全国妇联、教育部、公安部、民政部、司法部、卫生健康委）

29 关于为实施积极应对人口老龄化国家战略提供司法服务和保障的意见

30 关于在审判执行工作中切实维护残疾人合法权益的意见（联合中国残联）

31 关于加强新时代人民法院涉诉信访工作的意见

32 关于为深化两岸融合发展提供司法服务的若干措施

33 关于建设一站式多元解纷机制一站式诉讼服务中心的意见

34 关于为律师提供一站式诉讼服务的意见（联合司法部）

35 关于为跨境诉讼当事人提供网上立案服务的若干规定

36 关于加快推进人民法院调解平台进乡村、进社区、进网格工作的指导意见

37 关于推动新时代人民法庭工作高质量发展的意见

38 关于深化司法责任制综合配套改革的实施意见

39 关于完善四级法院审级职能定位改革试点的实施办法

40 关于进一步深化司法公开的意见

41 关于完善统一法律适用标准工作机制的意见

42 关于规范合议庭运行机制的意见

43 关于健全完善人民法院审判委员会工作机制的意见

……

附件十九

新时代十年
报告回顾

报告所涉部分用语和案例

（仅供参考）

❶【报告数据说明】审结、执结 1.44 亿件

指地方各级人民法院和专门人民法院 2018 年至 2022 年审结、执结案件总数（各类案件构成见附件二图 6）。如未经特别说明，报告中案件数据均为五年一审结案数据，“同比”均指同 2013 年至 2017 年比较。结案标的额包括一审民商事结案标的金额和执行案件执行到位金额，大部分民商事案件自动履行。报告所反映的各项工作，包括最高人民法院和地方各级人民法院、专门人民法院的工作。

❷【严惩侵害妇女、儿童、老年人犯罪典型案例】高承勇案、张维平案、陈宇萍案

高承勇是系列强奸、故意杀人案被告人，其连续实施抢劫、故意杀人、强奸、侮辱尸体犯罪，先后致 11 名被害女性死亡，情节极其恶劣，手段极其残忍，社会危害极大。张维平系拐卖儿童系列案主犯之一，其先后拐卖 9 名儿童，并称将多名儿童卖给人贩子“梅姨”联系好的买家，对受害者家庭造成巨大创伤。陈宇萍系杀害看护老人案被告人，其在受雇看护独居老人的首日即喂服催眠药物，次日凌晨又扼压老人颈部致其死亡，后伪造现场骗取足月工资补偿。三人无视国法、漠视生命，均被依法判处死刑。人民法院依法严惩侵害妇女、儿童、老年人的犯罪，对挑战法律和道德底线的严重罪行决不姑息。

❸【惩治电信网络诈骗典型案例】“10 · 18”、“11 · 20”特大跨境电信网络诈骗案

“10·18”案系典型的“杀猪盘”电信网络诈骗案，该犯罪集团在菲律宾设立窝点，招募多人通过网络通信手段，编造虚假身份，采用特定话术，针对不特定对象“谈感情”，得到被害人信任后引导进行博彩，骗取被害人财物，涉案金额超过 1.04 亿元，被害人多达 1500 余人。四川法院经审理，以诈骗罪、帮助信息网络犯罪活动罪判处 98 名被告人有期徒刑并处罚金。“11·20”案系又一起典型的境外设点诈骗境内居民的电信网络诈骗案。2019 年 11 月 20 日，马来西亚抓获数百名涉嫌电信网络诈骗人员，后陆续移交我国。该诈骗犯罪集团统一管理、

集中工作、集中食宿、层级分明、分工明确，使用统一诈骗策划案和话术，在社交平台取得被害人信任后，以炒股为名将被害人拉入交流群，在群内设定老师、助理、水军等虚假身份，诱骗被害人购买集团开发的虚拟货币，以后台控制涨跌方式实施诈骗，累计诈骗金额2166万余元。河南法院经审理，对262名被告人均判处刑罚，其中判处10年以上有期徒刑的共26人。电信网络诈骗犯罪多发高发，骗术花样多，手段翻新快，人民群众深恶痛绝。人民法院坚决依法严厉惩治此类犯罪，加大全链条打击力度，努力帮助群众追赃挽损，切实维护人民群众财产安全和合法权益。

④【打击整治养老诈骗典型案例】“老庆祥”、“夕阳红”、“长者屋”非法集资案

“老庆祥”公司以预交“服务费用”享受更高养老服务折扣、赠送养老公寓免费居住时长、一次性获得年利返现等名义，向7800余人非法吸收资金9.4亿余元，造成集资参与人经济损失5.2亿余元，后该公司及相关责任人被以非法吸收公众存款罪判处刑罚。李某某创办“夕阳红”公寓，后以到公寓养老、投资等为幌，以老年人群体为主要目标非法集资28.03亿元，造成11414人本金损失8.76亿元，后李某某等三名主要被告人被判处无期徒刑。“长者屋”公司原本经营养老院项目，后以房屋折扣、消费补贴、返本付息等“只赚不赔”条款为诱饵招揽客户购买会员卡，共向993名老年人非法集资8022.79万元，至案发尚有5845.68万元未归还，该公司及相关责任人被判处刑罚。以上三案均为针对老年人的非法集资案件。人民法院依法从严惩处养老诈骗犯罪，同时积极追赃挽损，努力守好老年人“养老钱”。

⑤【营造良好金融法治环境典型案例】康美药业案

该案系我国首例证券特别代表人诉讼案。康美药业因年报和半年报存在虚假记载和重大遗漏，被证监会给予行政处罚。2021年4月，中证中小投资者服务中心受部分证券投资者特别授权，作为特别代表人参加诉讼。广东法院判决康美药业对投资者损失承担24.59亿元的赔偿责任，公司实际控制人、相关会计师事务所及审计人员承担全部连带赔偿责任。部分董监高根据过失大小分别承担连带赔偿责任。5万多名投资者以“默示加入”方式拿到赔偿款。该案标志着中国特色的证券集体诉讼制度正式落地，对严重财务造假行为形成有力震慑，对促进我国资本市场健康发展、维护投资者权益具有里程碑意义。

⑥【保护生态环境典型案例】绿孔雀预防性保护公益诉讼案

该案系珍稀野生动物预防性保护公益诉讼案。某社会组织以某水电站一旦蓄水将导致绿孔雀栖息地被淹没、绿孔雀存在灭绝可能为由提起公益诉讼。云南法院审理认为，水电站继续建设将对绿孔雀栖息地及其相关生态系统生物多样性和生物安全构成重大风险，故判决立即停止建设，待按有关要求完成环境影响后评价等工作，再由相关行政主管部门视情作出决定。人民法院依法妥善处理生态保护与经济发展关系，避免环境安全与效益价值冲突，体现了我国作为生物多样性公约缔约国的责任担当，传递了共建地球生命共同体的中国法治声音。

7 【服务对外开放典型案例】
“普拉利斯”轮扣押案、“天使力量”轮船员劳务合同案

因国外卖方拖欠运费，巴拿马籍“普拉利斯”轮船东拒绝卸载某公司进口的2510头美洲种牛。宁波海事法院受理该公司扣押船舶申请后，采用“诉前扣船＋诉前调解”机制，用时5天即促成调解，所有种牛顺利卸载，避免船上饲料告罄可能导致的“牛死财损”不利后果。因与案外人产生纠纷，希腊籍“天使力量”轮船舶所有人弃船。船舶在被依法拍卖过程中，15名外籍船员提起劳务合同纠纷诉讼。广州海事法院判决支持船员有关劳务报酬等诉讼请求，并确认可在拍卖款中优先受偿，通过智慧法院为船员提供线上视频代理见证等跨境诉讼服务，同时积极展开人道主义援助，帮助长期被困船上的外籍船员离船回国。希腊代表团在国际海事组织法律委员会会议上专门向推动解决“天使力量”轮遗弃船员事件的各方表达感谢。两案充分展现了我国海事司法公正、高效、透明的良好形象。

8 【人格权保护典型案例】
可视门铃侵害邻里隐私案、扫码点餐侵犯个人信息案、社交软件私自收集用户信息案

原、被告系同一小区前后楼栋的邻居，被告在其入户门口安装采用人脸识别技术、可自动拍摄视频并存储的可视门铃，正对原告卧室和阳台，法院认定被告行为侵害了原告隐私权，故判决予以拆除。罗某某到某火锅店就餐，被告知必须关注微信公众号扫码方可点餐，该店未经同意即强制授权收集微信头像、昵称、地区、性别等与就餐无关信息，法院认定火锅店侵犯公民个人信息，故判决停止侵权并删除获取的个人信息。黄某使用某社交软件同一主体运营的阅读软件时，必须同意阅读软件获取社交软件好友关系，且读书记录均能被两个软件中的好友查看。法院认定社交软件好友列表、读书信息属于个人信息，故判决被告公司停止侵权。针对现代科技应用带来的新挑战，人民法院通过司法裁判积极回应群众关切，有力维护公民隐私权和个人信息安全，让人的价值、尊严受到法律充分尊重和保护。

9 【人格权保护典型案例】
侵害“两弹一星”功勋于敏、“杂交水稻之父”袁隆平名誉案

2019年1月，中国“氢弹之父”于敏逝世，彭某发表侮辱、诽谤性言论，被江西法院判令公开赔礼道歉、消除影响。2021年5月，“杂交水稻之父”袁隆平逝世，肖某在有499人的微信群内发布信息，歪曲事实诋毁、侮辱袁隆平，被湖南法院以侵害英雄烈士名誉、荣誉罪判处管制六个月。张某利用境外信息网络平台公然发表、转推侮辱、诋毁袁隆平的推文，被天津法院判决公开赔礼道歉、消除影响。人民法院认定上述行为不仅侵害了于敏、袁隆平院士的人格利益，同时伤害了社会公众的民族和历史感情，案件审理体现了严厉惩处利用网络侮辱、诽谤、诋毁他人名誉荣誉不法行为的鲜明态度。

⑩【涉军维权典型案例】边防战士家庭涉法案

边防战士刘某、慕某某、阳某三人的父亲分别因意外不幸身亡。三名战士家庭涉及的民事案件胜诉后，均因被告无财产可供执行或下落不明，导致无法获得实际赔偿。当地法院和军事法院启动涉军维权机制，积极帮助解决边防战士家庭涉法问题。河北法院给予刘某家庭司法救助金 11 万元，并协调有关单位为其母亲办理低保。安徽三级法院向慕某某家庭发放司法救助金 30.18 万元。湖南法院积极协调当地退役军人事务局全额垫付执行款，并向未作赔偿的被告追索。人民法院高度重视涉军维权工作，开辟绿色通道，加强司法救助，军地法院联动实质性解决官兵家庭涉法问题和实际困难，帮助减少后顾之忧，激励广大官兵安心戍边、保家卫国。

⑪【兼顾国法天理人情典型案例】“鹦鹉案”、“兰草案”、“为筹办抗战纪念展收购枪支案”

王某非法收购、繁殖珍贵、濒危的鹦鹉并出售牟利。一审法院以非法出售珍贵、濒危野生动物罪判处其有期徒刑五年并处罚金。二审法院综合考虑大多数鹦鹉为人工驯养繁殖、并非纯野生生长繁殖的情节，社会危害性相对较小，故对其在法定刑以下量刑，最终以非法收购、出售珍贵、濒危野生动物罪判处王某有期徒刑二年，并处罚金人民币三千元。秦某某因采挖兰草（经鉴定为蕙兰）被判处刑罚，后法院依法主动对包括该案在内的四起类似案件进行再审，鉴于蕙兰未被列入国家重点保护野生植物名录，按照罪刑法定原则，改判秦某某等人无罪。王某某自费筹办林海雪原抗日战争博物馆，后为纪念抗战胜利 70 周年，购买了抗战时期的枪支和子弹。检察院提起公诉后，法院认为王某某行为系出于爱国主义目的用于展览，且大部分枪支因严重锈蚀、缺乏零件等已不能击发，应当立足公平正义和社会危害性大小来区分罪与非罪，故建议全案不作为犯罪处理，检察院最终申请撤回起诉。人民法院在上述案件中坚持国法天理人情相统一，以事实为根据、以法律为准绳，坚持罪刑法定、罪责刑相适应等原则，把法律专业判断与群众朴素公平正义观相结合，既用好从轻、减轻处罚等法律规定，做到罚当其罪，又准确区分罪与非罪，确保无罪的人不受刑事追究。

⑫【文物保护典型案例】“章公祖师”肉身坐佛像案

2015 年 3 月，某外国博物馆展出一尊中国千年肉身坐佛像，经辨认正是 1995 年被盗的福建大田县吴山乡阳春村、东埔村长年供奉的“章公祖师”肉身坐佛像。因同佛像现持有人（某外国公民）交涉未果，两村委会遂诉至法院请求返还。福建法院从法、理、情三个维度阐明理由，最终判决被告返还佛像。法院明确流失海外文物适用被盗时文物所在地法律，维护了文物流出国利益；同时充分尊重文化财产相关国际条约关于“保护文化财产免受偷盗、秘密发掘和非法出口的危险”及“便利文物返还和归还”等精神，对国内法作出同国际条约目的宗旨相一致的解释，彰显了我国尊重国际条约、维护人类文化财产的鲜明立场。该案开创了通过国内民事诉讼追索流失海外文物的先例，确立了追索海外流失文物的“中国版”裁判规则，为阻断文物流失提供了司法支撑，对文物销赃海外起到了警示作用。

法信 中国首家法律知识和案例大数据服务平台

请您使用法信 法律好帮手

法信平台

张文中案等案例和用语说明

最高人民法院官网

最高人民法院微博

最高人民法院微信公众号

Report on the Work of the Supreme People's Court of the People's Republic of China

Delivered at the First Session
of the 14th National People's Congress
on March 7th, 2023

By ZHOU Qiang, President of the Supreme People's Court

Fellow Deputies,

On behalf of the Supreme People's Court (SPC), I now present to you the report on the work of the SPC for your deliberation, and I welcome comments on my report from the members of the National Committee of the Chinese People's Political Consultative Conference (CPPCC).

Review of Work in the Past Five Years

The year 2022 is critical in the development history of the Communist Party of China (CPC) and the country. In 2022, we successfully convened the 20th National Congress of CPC. An ambitious blueprint has been drawn for building a modern socialist country in all respects and advancing the great rejuvenation of the Chinese nation on all fronts through a Chinese path to modernization. People's courts of China, under the strong leadership of the CPC Central Committee with Comrade Xi Jinping at its core, and under the strict supervision of the National People's Congress (NPC) and its Standing Committee, by focusing on welcoming the Party's 20th National Congress and studying, publicizing and implementing its spirit, resolutely consolidated political loyalty, maintained security and stability, served the overall development in accordance with the law, protected people's livelihood and rights and interests, deepened the judicial system reform, and built the iron army of people's courts, and made steady progress in various tasks. In 2022, the SPC accepted 18,547 cases and concluded 13,785 cases; local people's courts at various levels and special people's courts accepted 33.704 million cases, concluded and completed enforcement proceedings of 30.81 million cases, and the value of closed cases reached RMB 9.9 trillion.

In the five years since the 19th National Congress of CPC, the Party has rallied the people and led them in tackling the severe and complex international situation and the ensuing huge risks and challenges, and promoted great achievements in the cause of the Party and the country. Over the past five years, the SPC has adhered to the Xi Jinping Thought on Socialism with Chinese Characteristics for a New Era as guidance, implemented Xi Jinping Thought on the Rule of Law, practiced the principles of the 19th National Congress of CPC and all its plenary sessions, studied and implemented the principles of the 20th National Congress of CPC, implemented the "Regulations on the Party's Work Related to Political and Legal Affairs" and resolutions of all sessions of the 13th National People's Congress, acquired a deep understanding of the decisive significance of the establishment of both Comrade Xi Jinping's core position on the Party Central Committee and in the Party as a whole and the guiding role of Xi Jinping Thought on Socialism with Chinese Characteristics for a New Era, boosted our consciousness of the need to maintain political integrity, think in big-picture terms, follow the leadership core, and keep in alignment with the central Party leadership, stayed confident in the path, the theory, the system, and the culture of socialism with Chinese characteristics, firmly upheld Comrade Xi Jinping's core position on the Party Central Committee and in the Party as a whole and upheld the Central Committee's authority and its centralized, unified leadership. By closely pursuing the goal of "striving to ensure that the people feel justice has been served in each and every judicial case", we adhered to the principle of "serving the overall situation, administrating justice for the people and maintaining judicial fairness", faithfully performed the duties endowed by the Constitution and laws, and made transformation and new progress in the work of people's courts. We conscientiously implemented the order of special amnesties of President Xi Jinping and the Standing Committee of the National People's Congress, and granted special amnesty to 23,593 criminals before the 70th anniversary of the founding of PRC. From 2018 to 2022, the SPC accepted 149,000 cases and concluded 145,000 cases, an increase of 81.4% and 81.5% respectively over the previous five years. The SPC formulated 114 judicial interpretations and issued 119 guiding cases, in order to strengthen supervision and guidance on adjudication work across the country. Local people's courts at various levels and special people's courts accepted 147 million cases, concluded and completed enforcement proceedings of 144 million cases, and closed cases with a value of RMB 37.3 trillion, an increase of 64.9%, 67.3% and 84.7% respectively over the previous five years. We promoted reaching a higher level in building a peaceful China and advancing the rule of law in China through exercising the judicial functions, and provided strong judicial services and guarantee for completing the building of a moderately prosperous society in all respects and building a modern socialist country in an all-round way.

I. Resolutely safeguard national security, social stability, and people's peaceful life

We fully applied a holistic approach to national security, and adhered to the principle of combining harsh punishment with leniency in handling criminal cases. Over the five years, we concluded 5.906 million criminal cases of first instance and sentenced 7.761 million criminals.

We resolutely safeguarded national political security. We severely punished crimes including infiltration, subversion, sabotage, violence, terrorism, ethnic separatism and religious extremism, and resolutely maintained the security of state power, system and ideology. We tried the cases of Shi Zhengping, Li Mengju, Lee Henley HuXiang, Sattar Sawut, etc., and severely punished those who committed crimes of espionage, secret stealing, financing criminal activities endangering national security and attempting to split the country. We countered illegal sanctions and "long-arm jurisdiction" in accordance with the law, in order to defend national sovereignty, security and development interests.

We resolutely maintained social stability. We continued to carry out campaigns to crack down on organized crimes, and concluded 39,000 gang-related cases in accordance with the law involving 261,000 people. We sentenced Sun Xiaoguo, Du Shaoping, Chen Huimin, Huang Hongfa, etc. to death according to law and made execution. We implemented RMB 246.1 billion illegal wealth in place. We brought "village tyrant", "street tyrant" and "mine tyrant" that terrorized local places to justice. We punished pandemic-related crimes in accordance with the law, maintained normal pandemic prevention order, and optimized judicial policies. We severely punished crimes that violated the rights and interests of medical personnel, such as violently injuring, disturbing and haunting them, so as to protect their safety and dignity. We punished crimes attacking police officers in accordance with the law, and made those who violently resisted the law pay the price. We concluded 238,000 cases of serious violent crimes such as murder, rape, robbery, kidnapping, arson and explosion with 274,000 people involved, and we concluded 347,000 drug-related criminal cases involving 442,000 people. Gao Chengyong, Zhang Weiping, Chen Yuping and other extremely serious criminals were sentenced to death. The overall number of criminal cases and serious violent crimes in our country continued to decline, and the people's sense of security has significantly increased.

We punished crimes of corruption in accordance with the law. We stayed aligned with the reform of the national supervision system, and improved the linkage mechanism between supervision enforcement and criminal justice. We concluded 119,000 cases of corruption and bribery and other duty-related crimes, totaling 139,000 people. We severely punished 92 former central administered cadres including Sun Zhengcai in accordance with the law. Zhao Zhengyong, Sun Lijun, Wang Like, Fu Zhenghua, and Liu Yanping were legally sentenced to life imprisonment, and Lai Xiaomin was sentenced and executed to death, which demonstrated the CPC Central Committee's firm determination to fight every corrupt phenomenon and to punish every corrupt official. We resolutely swatted "flies", or corrupt low-ranking officials and combated "ant-like minor corruption" that infringed on the interests of the people, and severely punished crimes such as misappropriating funds for benefiting farmers, withholding compensation for land expropriation, and embezzling dilapidated housing renovation subsidies. We concluded 12,000 cases of bribery and 13,000 people were involved, and we severely punished crimes of repeated bribery, huge-amount bribery and long-term "hunting" of cadres. We tried 979 cases of fugitives like Xu Chaofan, who returned to China for trial. The long-fleeing Cheng Sanchang was tried in absentia. We also ruled to confiscate the domestic and foreign illegal income of Zhang Zhengxin, Peng Xufeng and other dead or fled corrupt criminals. We kept tightening the "legal net" of fugitives and bribes, greatly deterring those who committed corruption.

We punished information cybercrimes in accordance with the law. We concluded 226,000 cases of telecommunications and network fraud and related crimes, and made every effort to help the deceived recover their losses. A large group of cross-border telecommunications and network fraud criminals were brought to justice in the cases such as "10·18" and "11·20". We punished crimes such as invading citizens' personal information and providing assistance for information cybercrimes in accordance with the law, to increase the combating efforts on the entire chain. Through the adjudication of online fraud cases such as paid click farming, false financial management and dating traps, we exposed refurbished fraud routines and helped people across the country to fight against fraud. We severely cracked down on online gambling, and strictly punished defendants in the case of cross-border gambling groups, like Zhang Ningning.

We handled cases involving online "paid posters" and "black public relations", severely punished criminals who spread false information and endangered network ecology, and never allowed cyberspace to become a place beyond the law.

We punished crimes that endangered the vital interests of the people in accordance with the law. We concluded about 30,000 cases of crimes endangering food and drug safety and 46,000 people were involved. We severely punished counterfeiters blinded by greed, and banned criminals who produced and sold toxic and harmful food from entering the same industry, so as to protect the safety of people's food and medication. We carried out special campaigns to crack down on the crime of medical insurance fraud, and severely punished the behind-the-scenes organizers and professional insurance fraudsters. We severely cracked down on pension fraud, concluded "Laoqingxiang", "Xiyanghong", "Zhangzhewu" and other illegal fund-raising cases targeting the elderly, sentenced 4,523 criminals, and recovered RMB 3.19 billion of illegal income and losses, which safeguarded the elderly's pension.

We maintained public safety in accordance with the law. We concluded about 11,000 criminal cases that endangered production safety, totaling 20,000 people. A group of persons responsible for major serious production safety incidents were sentenced to severe punishment in accordance with the law, in order to protect the safety of people's lives and property. In response to public concerns about throwing objects from high above, stealing manhole covers and impairing safe driving, we introduced judicial policies to promote comprehensive governance and protect people's safety "above their heads", "below their feet" and on their journey.

II. Serve in accordance with the law to build a new development paradigm and promote high-quality development

The SPC fully, accurately and comprehensively implemented the new development philosophy. We concluded 24.723 million commercial cases of first instance, so as to maintain market order, optimize the rule of law environment and help promote high-quality economic and social development.

We provided judicial assistance for stabilizing the economy and boosting confidence according to the law. In the past three years of pandemic prevention and control, people's courts have tried their best to reduce burden on enterprises and help the people solve their problems. We published 20 measures to assist the development of micro, small and medium-sized enterprises, and advanced the resolution of their urgent and difficult problems, such as limited living and development space due to competition and arrears of payment. We introduced 30 measures to promote consumption, strictly rectified imparity clauses, consumption fraud, prepaid consumption traps and others, protected new retail forms and new individual economies in accordance with the law, supported and standardized social e-commerce and other diversified business models, so as to enhance consumer confidence. We published 14 measures to stabilize employment, in which we clarified the salary standards for home office and flexible office, safeguarded the legal rights and interests of college graduates during the probationary period, and struck a balance between the rights and interests of employers and laborers. We properly resolved about 779,000 pandemic-related disputes on contract performance, shop leasing, logistics and transportation, most of which were resolved through mediation and reconciliation. This helped large, medium, small and micro enterprises to make mutual understanding, help each other, and overcome difficulties together. We used the provisions of force majeure and changes in circumstances in the Civil Code to actively coordinate small and medium-sized enterprises and individually-owned businesses affected by the pandemic to fulfill their obligations in the form of deferred or installment payment, and we encouraged owners or creditors to reduce or waive rent and overdue interest. We adhered to the principles of good faith and civilized justice, and seized and preserved properties while maintaining their liquidity to make profits in accordance with the law, which released the use value and financing function of the seized properties involved in 3.61 million cases. We restored corporate credit in 1.79 million cases in a timely manner, and suspended the application of compulsory measures to about

130,000 companies. Through a series of flexible measures of "releasing water to foster fish", we allowed trustworthy enterprises to overcome difficulties and re-operate without burden. People's courts of Inner Mongolia, Liaoning, Hubei, Hunan, Guangxi and other provinces adopted the economic impact assessment mechanisms for enterprise-related cases. People's courts of Tianjin, Hebei, Shanghai, Zhejiang, Shandong, Guangdong and other provinces took the initiative to provide legal services for enterprises doing business overseas. We strived to create a "warm environment" for market players to develop.

We served the innovation-driven development according to the law. We strengthened the judicial protection of intellectual property rights and stimulated the drive for innovation. We concluded 2.194 million first-instance intellectual property cases, a year-on-year increase of 221.1%. We heard high-tech cases involving 5G communications, new energy, new materials and high-end equipment manufacturing, and enhanced intellectual property protection for core technologies, emerging industries and key areas. Judicial interpretations of new plant variety rights were issued, and 1,585 cases involving "Jinjing 818" rice and "Danxiahong" pear trees were heard in order to encourage innovation in breeding. People's courts in Hainan strengthened the judicial protection of "the Breeding Silicon Valley in Southern China"; people's courts in Shaanxi established an intellectual property judicial protection base for the seed industry; and people's courts in Gansu set up a tribunal for the seed industry, in order to protect "agricultural chips". We issued opinions on strengthening the protection of intellectual property rights of traditional Chinese medicine, and the people's courts of Tianjin and Jiangxi improved judicial measures accordingly, in order to ensure the inheritance, and innovative development of traditional Chinese medicine. We increased the intensity of punitive damages. In 2022, the number of damages decided in intellectual property infringement cases increased by 153% compared to 2018. China's specialized intellectual property adjudication system has basically taken shape.

We provided legal services to optimize the business environment. The quality of China's judicial procedures has maintained a leading position in the world, making a positive contribution to China's significant improvement in the ranking of the business environment globally. We enhanced judicial protection of property rights, implemented the principle of equal protection, and treated all enterprises equally without bias, regardless of whether they are state-owned or privately-owned, domestic-funded or foreign-funded, large, medium, small or micro size. We legally retried and corrected 209 major criminal wrongdoing cases of property rights such as the Zhang Wenzhong case, involving 283 people. We changed imprisonment to the application of mandatory measures such as release on bail and residential surveillance applied to 6,250 business operators, and acquitted 290 business operators involved in the case according to the law. We resolutely prevented economic disputes from being treated as crimes, and protected the legitimate property rights and contractual rights of market players. We promoted the spirit of contract through judicial adjudication, determined the validity of contracts in accordance with the law in the adjudication of sales contracts, equity transfers and other cases, and encouraged honest transactions. We strengthened contract enforcement and reduced transaction costs. We strictly prevented debt evasion through false litigation, and resolutely pursued legal responsibility for malicious defaults on debts, impairment of assets, and expansion of debts. We punished contract fraud, bid rigging, false bankruptcy and other crimes that disrupted the market order in accordance with the law. We tried administrative agreement cases according to the law, promoted administrative organs to improve the mechanism of keeping promises, and protected the legitimate rights and interests of private economic and social capital partners.

We maintained fair market competition in accordance with the law. We concluded about 29,000 monopoly and unfair competition cases. We tried monopoly cases in the fields of medicine, telecommunications, building materials and cultural consumption, legally punished behavior of monopolistic agreements and abuse of market dominance, and protected the vitality of market competition and the legitimate rights and interests of consumers. We punished acts that violated the principle of good faith and business ethics, such as infringement of trade secrets and malicious registration of trademarks in accordance with the law. We strengthened the judicial protection of traditional brands, time-honored brands and well-known trademarks. We heard trademark rights and unfair competition cases involving "Wuchang Rice", "Qinzhou Yellow Millet", and "Yunnan Baiyao", and stopped the behavior of "impersonating famous brands" and "free-riding" other brands. We said no to "staged rights protection" such as the "green pepper" case, so as to support legal operators and punish the illegal business operators.

We promoted the healthy development of digital economy in accordance with the law. We heard cases such as big data ownership transactions and unfair competition in public data, and clarified the rules for the judicial protection of data rights. We punished acts of abusing data and algorithms to exclude and restrict competition, and resolutely put an end to "price discrimination by big data" and forced "either-or" and other monopoly practices. We regulated new business forms and new models such as live streaming commerce and paid on-demand broadcasting, to protect innovative business practices and punish illegal profit-seeking. People's courts in Wenzhou, Zhejiang Province actively explored the professional adjudication mechanism of data resources. People's courts of Beijing, Tianjin and Shanghai issued timely bans on piracy of the Beijing Winter Olympics and the World Cup, in order to optimize the digital culture market environment.

We built a friendly legal environment for finance. We concluded about 101,000 financial criminal cases and 10.377 million financial civil and commercial cases, which served the development of the real economy and helped prevent and control financial risks. We significantly lowered the upper limit of judicial protection for private lending interest rates, and denied the effectiveness of disguised high-interest clauses in accordance with the law, to reduce financing costs for the real economy. We carefully handled cases involving serial guarantees and P2P online lending, and prevented and resolved financial risks with market-based and legal means. We issued judicial interpretations to punish crimes such as illegal fundraising and manipulation of securities and futures markets, and adopted a zero-tolerance approach to financial fraud and "rat trading" and other capital market crimes. We issued judicial interpretation for securities class actions to protect the legitimate rights and interests of small and medium-sized investors. In the Kangmei Pharmaceutical case, 55,000 investors received RMB 2.459 billion in compensation through special representative litigation. We successively issued judicial guarantee opinions on the Science and Technology Innovation Board, the ChiNext Board, and the Beijing Stock Exchange to serve the fundamental system reform of the capital market.

We promoted the efficient allocation of market factor resources. We concluded 47,000 bankruptcy cases, involving RMB 6.3 trillion of creditors' rights. We allowed the highly indebted enterprises that still had the market potential to re-emerge through legal reorganization, and helped enterprises with insurmountable debt declare bankrupt and achieved market clearance. We explored the individual bankruptcy system, so that honest but unfortunate debtors can have the opportunity to return to the market. We promoted the mechanism of "bridging between enforcement and bankruptcy procedures", and handled about 15,000 cases of conversion from enforcement to bankruptcy. We concluded 2,801 bankruptcy and reorganization cases, where RMB 3.4 trillion of assets were revitalized, 3,285 enterprises were helped out of difficulties, and 923,000 people kept their jobs. The case of HNA Group's bankruptcy and reorganization successfully resolved the debt risk of RMB 1.1 trillion. Valuable and promising enterprises including the Peking University Founder, Tsinghua Unigroup, Wintime Energy, DSIC Offshore, construction engineering-related enterprises, Zhongfu Industrial, Guiyang Big Data Exchange, Qinghai Salt Lake Industry, etc. have been reborn through bankruptcy and reorganization.

We served rural revitalization and regional coordinated development in accordance with the law. We introduced judicial policies to support poverty alleviation, rural revitalization, and agricultural and rural modernization. We legally heard cases concerning the "separation of three rights" of rural land, supported the lawful and orderly transfer of land management rights, and protected the legitimate land rights and interests of farmers who settled in cities. We properly resolved disputes involving the production and sales of agricultural products, investment in local special industries, rural e-commerce and tourism, and improved the rural business environment. People's courts of Heilongjiang opened a green channel to ensure spring plowing production. People's courts of Shandong built tribunals to promote the development of industries such as Shouguang vegetables. People's courts of Jiangsu resolved the dispute over the return of 10,000 mu of breeding water, attracting an additional investment of RMB 400 million from enterprises. We followed up and provided judicial policy support for the coordinated development of the Beijing-Tianjin-Hebei region, the development of the Yangtze River Economic Belt, the integrated development of the Yangtze River Delta Region, the new development pattern of the western region, the overall revitalization of the northeast, the high-quality development of the central region, the construction of the Xiongan New Area, the construction of the Chengdu-Chongqing economic zone, and other major strategies. We provided judicial assistance for the construction of Nanjing Law Park and legal districts in Jilin, Fujian, Sichuan and other provinces. We supported the people's courts of Hebei and the General Administration of Sport to jointly build a research base on legal issues of winter sports, to help post-Olympic economic development.

We served the ecological conservation in accordance with the law. We deeply practiced the philosophy of the Two Mountains Theory. We concluded 1.293 million environmental and resource cases, and about 17,000 environmental public interest litigation cases brought by procuratorial organs and social organizations. We implemented the principles of protection priority, prevention first, and responsibility for damages, and formulated judicial interpretations for prohibition orders for ecological and environmental infringements and punitive compensation. We tried cases of illegal import of "foreign garbage", falsification of environmental monitoring data, illegal reclamation of sea areas, etc., to help fight the battle to defend the blue sky, clear water and pure land. A people's court of Yunnan heard the public interest litigation case of green peacock preventive protection, so as to enhance judicial protection of biodiversity. We improved the judicial policy for ecological protection and restoration of the Yangtze River and the Yellow River, and judicial cooperation between people's courts in the river basins achieved "beads in a chain" to protect the "mother river" together. A people's court of Jiangsu transferred the ecological restoration funds of the "major illegal sand mining case of the Yangtze River" across provinces to implement integrated protection of the entire river basin. We innovatively applied restorative judicial measures such as replanting and regreening, multiplication and release, and ordered to replant more than 90.85 million trees and release more than 510 million fish fries. The people's courts of Guizhou supported the subscription of carbon credits to restore the ecology, and the people's courts of Fujian innovated the measurement and compensation mechanism for forestry carbon sink losses in order to promote green and low-carbon development. People's courts of Henan, Hubei, Chongqing, Shaanxi, and Ningxia built ecological judicial restoration bases in the Yellow River Wetland, Danjiang River, Three Gorges Reservoir Area, Qinling Mountains and Helan Mountain to restore the damaged ecology. A people's court of Jiangxi heard the case of damage to the Giant Python Peak in Sanqing Mountain according to the law, and severely punished the deliberate destruction of natural sites. We enhanced the judicial protection of cultural relics and heritage. Handling the case of "Patriarch Zhang Gong" sitting Buddha statue created a new way to recover cultural relics lost overseas through domestic civil lawsuits. The Primary People's Court of Shanhaiguan District of Hebei Province and the Primary People's Court of Youyu County of Shanxi Province established a judicial protection mechanism for the cultural heritage of the Great Wall. The organizational system of environmental resource adjudication with Chinese characteristics has been basically established, and China's environmental justice is playing an increasingly important role in global environmental governance.

We provided judicial assistance for high-level opening-up in accordance with the law. We concluded about 95,000 foreign-related commercial cases and about 76,000 maritime cases. We are resolute in implementing the fundamental national policy of opening up to the outside world, and introduced judicial support policies around the high-quality Belt and Road cooperation and the construction of the Pilot Free Trade Zone and the Hainan Free Trade Port. We implemented the pre-establishment national treatment plus negative list system for foreign investment, and heard cases of disputes over the confirmation of shareholder qualifications of foreign-invested enterprises, in order to equally protect the legitimate rights and interests of Chinese and foreign investors. Ten international commercial tribunals were set up in Nanning and other places. We tried cases of disputes over the property rights of railway bills of lading, to promote the innovation of land-based international trade rules. We improved the specialized adjudication mechanism for China-Europe Railway Express and other international railway transportation cases. We promoted the construction of an international maritime judicial center, to safeguard national maritime rights and interests and serve the development of the marine economy. In the adjudication of cases such as the seizure of the "Polaris" ship and the labor contract of the crew of the "Angelic Power" ship, the advantages of China's maritime justice, such as fairness, efficiency and transparency, were fully demonstrated, and more and more foreign parties chose the jurisdiction of Chinese courts. We adhered to international treaties, respected international practices, and actively participated in the formulation of international rules. The Meeting of Chief Justices/Presidents of the Supreme Courts of the Shanghai Cooperation Organization Member States, the China-ASEAN Justice Forum, the World Enforcement Conference, the World Forum on Rule of Law in Internet, and the World Judicial Conference on Environment achieved fruitful results, and China's judicial international influence has been rising.

III. Adhere to the road of the judiciary with Chinese characteristics for the people

We adhered to the people-centered philosophy, deeply practiced the purpose of the judiciary for the people, implemented the Civil Code, and concluded 45.833 million civil cases of first instance, focused on solving the judicial difficult and key problems of the people in the judicial field, and safeguarded the legitimate rights and interests of the people.

We comprehensively strengthened the protection of personality rights. We concluded about 875,000 cases of disputes over personality rights. We improved the prohibition of personality rights violations and personal safety protection orders in judicial policies, to make personality rights more secure. We introduced judicial interpretations on face recognition, heard cases where video doorbells violated the privacy of neighbors and scanning QR codes and ordering meals violated personal information, and social software privately collected user information. We built a "firewall" for privacy and personal information protection. We heard cases of infringing on the reputation of Yu Min, who contributed to the "two bombs and one satellite", and Yuan Longping, the "father of hybrid rice", to protect human dignity from cyber violence. We adjudicated the case of "AI companion" software infringement of personality rights, and determined that the unauthorized use of other people's images to create virtual characters constituted infringement. We adjudicated the case of requesting the return of frozen embryos, protected the rights and interests of widowed wives in assisted reproduction, and made a warm judgment of "human ethics and reason winning the case". Through a series of judicial policies and fair adjudication, people's safety of facial recognition is guaranteed, privacy and tranquility are protected from intrusion, reputation and honor are not slandered, personality interests are more valued, and people's values and dignity are fully respected and protected by law.

We ensured that the people live and work in peace and contentment. We concluded 22.241 million cases related to education, employment, medical care, pension, housing, etc. We cooperated with relevant departments to issue opinions on safeguarding the rights and interests of new employment forms of laborers, and promoted the resolution of difficulties in identifying labor relations, lack of compensation for work-related injuries, zero payment of social insurance, etc., so that new business practitioners such as parcel couriers and takeaway riders worked with dignity and security. We formulated judicial interpretations of online consumption to protect the legitimate rights and interests of online consumers involved in online car-hailing, online shopping and new types of traveling. We strengthened the adjudication of consumption public interest litigation cases, explored the application of punitive compensation, and pursued legal accountability for acts that harmed consumers' lives and health. We properly adjudicated 4.604 million cases of real estate disputes, and gave priority to protecting the legitimate rights and interests of home buyers with necessary and improved needs in accordance with the law, helping to ensure the delivery of buildings, people's livelihood and social stability.

We helped maintain family harmony and happiness. We concluded 8.961 million marriage and family cases, in order to maintain the harmony of the "small families" and the stability of the "big family". We worked with the All-China Women's Federation to deepen the reform of family affairs adjudication, improved systems such as family mediation, family investigation and psychological counseling, and improved the mechanism for protecting the rights and interests of women and children.

We enhanced efforts to obtain evidence ex officio in domestic violence cases, issued about 13,000 personal safety protection orders in a timely manner, and cooperated with all parties to implement the protection orders. We introduced national strategic judicial measures to serve the aging population, strengthened the protection of the rights and interests of the elderly, and improved the elderly-friendly litigation service mechanism. We handled the cases of supporting the "empty-nest" elderly and remarried elderly, and provided judicial help for the spiritual support of the elderly, so that they can feel happy, free and respected and that their children often proactively go back home and visit them, which promoted the traditional virtues of the Chinese nation of filial piety and respect for the elderly.

We provided judicial care for the healthy growth of children. We implemented the principle of the best interests of minors, the mechanisms of round table adjudication, sealing of misdemeanor criminal records, attendance of suitable adults, follow-up help and education, to improve the socialist juvenile justice system with Chinese characteristics. We educated and rescued juvenile offenders. The number of juvenile offenders was reduced from 56,000 in 2013 to 28,000 in 2022. We used tolerance but not connivance. Those who were subjectively vicious, had cruel methods and refused to mend their ways after repeated admonitions should be punished in accordance with the law. There was zero tolerance for crimes against minors, and those who should be sentenced to heavy sentences were resolutely sentenced in accordance with the law. Together with the Ministry of Education and other departments, we issued opinions, strictly enforced the employment prohibition system for criminals who committed crimes against minors in accordance with the law, and sentenced 202 defendants to life-long prohibition from engaging in work in close contact with minors. We implemented the Law on Family Education Promotion, issued 10,308 family education orders, and urged parents to fulfill their family education responsibilities in accordance with the law. We worked with relevant units to prevent bullying and violence among primary and middle school students, and prevented minors from being addicted to the Internet or being victimized by the Internet. We carried out pilots of joint protection mechanisms between the judiciary and the administration, families, schools, and communities to jointly protect China's future generation.

We safeguarded the interests of national defense and the legitimate rights and interests of service members and their families in accordance with the law. We concluded 2,503 cases of military-related crimes such as sabotage of military facilities, impersonating military personnel, and offences against military marriages. We completed the military-related suspension of compensation judicial service guarantee tasks as scheduled, helping to prevent the loss of military assets and the interests of the people. Military courts implemented the strategy of governing the military according to the law, and promoted the trial of military administrative adjudication. We comprehensively promoted the "Xinyang Model" and "Hubei-Henan-Anhui Model" of military-related rights protection. People's courts of Hebei, Anhui and Hunan properly resolved the legal issues of families of border guards, reducing their worries while they defend the homeland. People's courts of Jiangsu and Jiangxi, together with the local governments, protected the rights and interests of the widows of revolutionary martyrs and the families of retired soldiers in accordance with the law. Criminals who slandered the "Ice Sculpture Company to Resist US Aggression and Aid Korea" and desecrated the heroes who defended the country border were severely punished in accordance with the law. We resolutely defended the dignity and glory of heroes, and enhanced respect for the righteousness of heroes in the whole society.

We safeguarded the legitimate rights and interests of compatriots from Hong Kong, Macao and Taiwan. We concluded about 121,000 cases involving Hong Kong, Macao and Taiwan, handled about 46,000 relevant cases of mutual judicial assistance, and concluded 44,000 cases involving overseas Chinese. We basically achieved full coverage of civil and commercial judicial assistance between the Mainland, Hong Kong and Macao. We issued opinions on serving the construction of the Guangdong-Hong Kong-Macao Greater Bay Area, opinions on supporting and guaranteeing the construction of the Guangdong-Macao Deep Cooperation Zone in Hengqin, and opinions on supporting and guaranteeing the comprehensive deepening of reform and opening up of the Qianhai Shenzhen-Hong Kong Modern Service Industry Cooperation Zone, so as to serve the integration of Hong Kong and Macao into China's overall development. We formulated 36 judicial benefits for Taiwan to equally protect the legitimate rights and interests of Taiwan compatriots and Taiwanese enterprises. We accepted Hong Kong, Macao and Taiwan students for internships and visits, so that young people from Hong Kong, Macao and Taiwan could experience the achievements of the rule of law in their motherland. We promoted cross-border online case filing and online diversified settlement of overseas Chinese-related disputes, and built a "heart-to-heart bridge" to protect the rights and interests of overseas Chinese. We held Cross-Strait and Hong Kong, Macao High-level Judicial Forums, gave full play to the role of the Chinese Judicial Studies Association, inherited good traditional Chinese legal culture, and jointly promoted the development of the rule of law in China.

We facilitated the efficient resolution of conflicts among the people. To keep up with the expectations and needs of the people, we faced up to difficulties, continued to tackle them, and solved problems one by one. After fully implementing the case registration system and solving the long-standing problem of "difficult access" for the people to resolve disputes and file cases, it is necessary to allow the people to resolve conflicts in easier ways. People's courts at various levels adhered to and developed the "Fengqiao Experience" in the new era, implemented the requirements of "promoting the separation of complicated cases from simple ones, cases of severe crime from the minor, and the distinction between speedy and regular proceedings", built a one-stop diversified dispute resolution and litigation service system with Chinese characteristics, and provided menu-style and intensive one-stop dispute resolution service, truly providing convenience to the people. **We built a diversified dispute resolution mechanism.** We cooperated with the All-China Federation of Trade Unions, the All-China Federation of Industry and Commerce, the Ministry of Veterans Affairs, the China Banking and Insurance Regulatory Commission, and the Association of Small and Medium Enterprises, to form a new pattern of "headquarters-to-headquarters" online diversified mediation mechanism covering 12 fields. Since the opening of the people's court mediation platform, about 96,000 mediation organizations and 372,000 mediators have settled, and 38.32 million disputes were mediated online. In 2022, an average of 75 cases were successfully resolved online before litigation every minute. To strengthen the management of litigation sources, the mediation platform connected with about 76,000 grassroots governance units online, and embedded them in villages, communities, and grids to resolve conflicts and disputes at the grassroots level in a timely manner, striving to settle disputes while they were in the bud and achieve the settlement of cases and satisfaction of the people. **We provided inclusive and equal modern litigation services.** The online service platform of people's courts provided "one-stop" service such as case filing, payment of fees, mediation, court hearings and enforcement. The 12368 hotline handled litigation matters substantially, and answered 32.5 million calls from the public. The cross-regional case filing service outlets covered both urban and rural areas, and provided about 167,000 cross-regional case filing services, reducing the suffering of people traveling to and from different places for litigation. About 448,000 lawyers and grassroots legal service providers registered to use the lawyer service platform, and handled 8.84 million cases online, such as applying for filing, reviewing files, investigating and collecting evidence. **We improved online intensive adjudication assistance services.** The online preservation platform handled 1.23 million preservation cases, with a target value of RMB 4 trillion. In 2022, 93% of pre-litigation preservation cases were ruled within 48 hours. The average appraisal cycle of the entrusted appraisal system was 26 working days, which was 1/3 shorter than offline. Documents were delivered electronically 170 million times, and 336 postal intensive delivery centers basically achieved "next-day delivery" of legal documents to destinations in major cities across the country. The one-stop diversified dispute resolution and litigation service system truly relieved the worries of the people, reduced the burden on judges, and sped up justice.

We strengthened the construction of dispatched people's tribunals in the new era. We vigorously created "Fengqiao-style Dispatched People's Tribunals". A total of 10,050 dispatched people's tribunals were built at the grassroots level, giving full play to their advantages in serving the people at the front line, and actively promoting urban and rural grassroots governance and the construction of a safe and law-based village. We inherited and carried forward the Ma Xiwu adjudication method. People's courts of Inner Mongolia, Chongqing, the Tibet, Gansu, Ningxia, etc. relied on horseback courts and vehicle-mounted courts to carry out circuit adjudication, covering the "last mile" of judicial services for the masses. The "Field Courts" in Lishu of Jilin and Jiansanjiang of Heilongjiang guarded the "black soil granary"; the "Island Court" in Pingtan of Fujian served the prosperity of island fishing villages to the sea; the "Border Gateway Court" in Xishuangbanna of Yunnan protected the legitimate rights and interests of Chinese citizens living bear the border areas and overseas Chinese living in the border areas; and dispatched people's tribunals in Anqing of Anhui and Fuhai of Xinjiang resolved conflicts with the "six-foot alley mediation" and "dombra mediation", so that people can really feel that fairness and justice are within reach.

We consolidated and extended the achievement of

"basically solving difficulties in enforcement". Relying closely on the leadership of the Party Central Committee, we won the three-year battle of "basically solving difficulties in enforcement". In 2019, we reported to the Second Session of the 13th National People's Congress that the goal of "basically solving difficulties in enforcement" was achieved as scheduled. We continued to consolidate the achievements of tackling key problems, maintained a high level of enforcement work, and honored the rights and interests of the people who have won lawsuits. In the past five years, 45.773 million enforcement cases were accepted, 45.121 million enforcement cases were concluded, and the amount of enforcement in place was RMB 9.4 trillion. In 2022, the amount exceeded RMB 2 trillion for the first time. The online enforcement investigation and control system had one-click inquiry and online control of 16 types of property of the person subject to enforcement nationwide, and investigated and controlled a total of 85.35 million cases, solving the difficulty of finding people and properties. The turnover of online judicial auctions exceeded RMB 2 trillion, saving commissions of RMB 62.14 billion for the parties, which solved the difficulty of realizing property. The joint credit punishment system made those who lost credibility "distrust in one place and restricted everywhere", and 9.18 million people voluntarily fulfilled their obligations under the pressure of credit punishment. While strengthening punishment for dishonesty, we enhanced incentives for keeping promises.

People's court in Lishui, Zhejiang Province invited a trustworthy elder man who started a business and repaid his debts in his old age to speak for "honest performance", which motivated more than 1,260 persons subject to enforcement to voluntarily fulfill their debts. We standardized the implementation of standard procedures, strengthened supervision and management, and improved the standardization system. For many years in a row, special enforcement actions were carried out involving people's livelihood security, wage arrears of migrant workers, and accounts arrears of private enterprises, among which RMB 62.68 billion were implemented in cases involving people's livelihood. We improved the long-term mechanism for solving enforcement difficulties, and continued to promote the comprehensive governance and source governance of enforcement difficulties. Through unremitting efforts, the enforcement system and mechanism with Chinese characteristics have become sounder, and the enforcement model has undergone fundamental changes, which has effectively promoted the construction of a society ruled by law and a society of integrity.

We strengthened publicity and education on the rule of law. We fully implemented the responsibility system for popularizing the law, made full use of the Internet and other media platforms, strengthened the use of cases to interpret the law, guided the public to strengthen the concept of the rule of law, and created a good atmosphere in the whole society that respects, studies, abides by and uses the law. We extensively carried out activities such as court open days and bringing law into institutions, campuses, villages, communities, enterprises and military camps. We organized all-media live broadcasts such as "the Court on Show" and "Enforcement in Progress", so that the public could experience judicial justice within "zero distance". We provided guidance for TV dramas such as "Draw the Line", "Court in the Sun" and the documentary "Family Matters as the Sky", presenting people's courts' persistent pursuit of fairness and justice in a way that was popular with the people, and demonstrating the achievements of the rule of law in China in the new era.

IV. Resolutely defend the bottom line of defense in safeguarding social fairness and justice

We keep in mind that fairness and justice are the soul and life of the judiciary, always take facts as the basis and laws as the yardstick, adhere to strict and fair administration of justice, and ensure and promote social fairness and justice.

We adhered to the combination of law, reason and emotion. We stuck to taking law as the basis, convincing people with reason and emotion, established the socialist judicial philosophy in the new era, stood on the people's position, corrected wrong practices such as mechanical justice and handling cases on a case-by-case basis, and strived to achieve that political effects, legal effects and social effects in case handling were organically unified. We adhered to the principle of commensurate with crime, responsibility and punishment, amended the sentence according to law and approved the death sentence for the defendant in the case of the murder of the passion fruit girl, properly adjudicated the "parrot case", "orchid case" and "purchasing guns for the preparation of the War of Resistance Against Japanese Aggression Memorial Exhibition case". We worked to ensure that felonies were severely punished, misdemeanors were lightly punished, and innocence was not subject to criminal investigation, so that judicial adjudication was truly in line with the simple concept of fairness and justice in people's minds.

We resolutely defended the dignity and authority of the law. We implemented the death penalty policy of the Party and the state, never tolerated crimes that challenged the legal and moral bottom line, seriously endangered the public and social security, and resolutely imposed and approved the death penalty for crimes that deserved it. We strictly controlled the quality of death penalty cases, and acquitted the Tao Xue case and Fan Taiying case with unclear facts and insufficient evidence, and the death penalty was not approved in accordance with the law in the Xiong Qiubao case. Then the real culprit all appeared, preventing the occurrence of major wrongful convictions. For cases of " serious crimes but lightly punished" due to favoritism, false meritorious service, etc., the retrial was initiated in accordance with the law, and Zhang Chenggong and others were sentenced to death. We comprehensively investigated 13.345 million cases of "sentence reduction, parole, and temporary release" since 1990, rectified about 59,000 cases with problems or defects one by one, strengthened the substantive trial of commutation and parole cases, and resolutely prevented "serving sentences on paper" and "paying money to get out of prison".

We strengthened judicial protection of human rights. We stuck to seeking truth from facts and correcting mistakes. Whenever one wrongful case was discovered, the case would be verified and corrected, and 26 major criminal wrongful cases including the Five Zhous case and the Zhang Yuhuan case were corrected in accordance with the law, involving 53 people. We improved mechanisms for effective prevention and timely correction of unjustly wronged cases, and resolutely held the bottom line of preventing unjustly wronged cases. We implemented the principles of legally prescribed crimes and punishments, innocence and evidence-based adjudication, implemented the system of open trials and court debates, and held court trials for all death penalty cases, including death sentences with the reprieve of second instance, and acquitted 2,675 defendants in public prosecutions and 2,097 private prosecutions in accordance with the law. We strengthened the protection of the defendant's right to defense and the lawyer's right to practice, unblocked the channels for lawyers' associations to protect the lawyer's right to practice, promoted full coverage of lawyers' defense, and fully implemented the legal aid system for death penalty review cases. We improved the system of state compensation and judicial aid, and strengthened the work of state compensation for wrongful cases. "Correcting unjust and wrongful cases according to law" has been written into the Party's third historical resolution.

We promoted core socialist values. In handling cases such as Zhu Zhenbiao chasing the hit-and-runner, a doctor dissuading smoking in the elevator, a security guard accompanying others to the hospital, and the case of helping the elderly and breaking ribs, we did not evade, were not ambiguous, or did not accommodate when faced with conflicts, right or wrong. We resolutely opposed "unprincipled reconciliation", focused on solving legal and moral risks such as "helping or not", "persuading or not", "pursuing or not", and "rescuing or not" that have long plagued the people, so as to create a good social atmosphere and promote the rule of law. We adjudicated the case of falling to death by picking red bayberry from a tree without permission, the case of seat occupancy on the high-speed rail, and the case of escaping orders and falling injuries after having a "dine and dash". We let those who were willing to take risks bear their own responsibilities, let those who were immoral and disorderly bear the consequences, and guide people to strengthen public and rule awareness. In the new era, the judiciary has stopped disputes, distinguished right from wrong, abolished the turbid and exalted the clear, punished the evil and promoted the good, and strived to make the law maintain social order and justice, and to foster the moral well-being of the people.

We maintained and promoted social equity. We strengthened the uniformity of judgment standards, and prevented fairness and justice from being compromised due to differences in regions, urban and rural areas, and industries. We revised the judicial interpretation, uniformly calculated the compensation for personal injury according to the standards of urban residents, and eliminated the difference in compensation standards for urban and rural residents. We cooperated with the Ministry of Human Resources and Social Security to issue policy documents to promote equal employment for women, strengthened the protection of equal employment rights for those who recovered from COVID-19, heard cases of female employees who were fired due to pregnancy, and graduates who faced regional discrimination when applying for jobs, and resolutely corrected unreasonable restrictions and discrimination that affected equal employment. In conjunction with the China Disabled Persons' Federation, we issued opinions on strengthening judicial protection of the disabled, and increased the guarantee for equal participation of the disabled in social life.

We supervised and supported law-based administration.

We concluded 1.384 million first-instance administrative cases, reviewed 1.074 million administrative non-litigation enforcement cases, strengthened the review of the legality of administrative actions, and served the reforms to "streamline the government, delegate power and improve government services" and served the construction of a law-based government. We improved the adjudication of cases related to the vital interests of the people, such as housing, land and social security, and promoted resolving people's urgent, difficult and anxious problems. We adjudicated administrative cases involving the transfer of state-owned land, government procurement, bidding and investment promotion in accordance with the law, protected the legitimate rights and interests of administrative counterparts, and promoted the construction of an honest government. We explored the centralized jurisdiction of administrative cases, and broke the phenomenon of administrative litigation "home court advantage". The people's courts of Tianjin, Shanghai, Zhejiang, Shandong, Ningxia and Corps strengthened the establishment of a diversified resolution center for administrative disputes, and the people's courts of Liaoning, Jilin, Henan, Guizhou and Xinjiang established government-court linkage mechanisms to promote the substantive resolution of administrative disputes.

We promoted justice and built public trust through openness. The four public platforms of the trial process, court trial, judgment documents and enforcement information allowed judicial activities to run in the sun, so that fairness and justice can be realized in a visible way. The China Judgements Online has published 140 million documents, with more than 100 billion visits, and the China Court Trial Online has broadcast more than 21 million court hearings. The more the public pays attention to the cases, the more we take the initiative to disclose them in accordance with the law, so that the people can supervise judicial activities and witness justice, and let the adjudication of hot cases become open courses on the rule of law shared by everyone. An open, dynamic, transparent and convenient judicial mechanism has been formed.

V. Achieve significant progress in the reform of the judicial system and the construction of smart courts

We resolutely implemented the reform deployment of the Party Central Committee, implemented 140 reform measures, promoted the deep integration of adjudication and modern technology, and realized the profound reshaping of the adjudication system and adjudication capabilities.

We further advanced the comprehensive and supporting reform of the judicial system. We comprehensively and accurately implemented the judicial accountability system, and realized the goal of "letting the adjudicator judge and letting the judge be responsible". We adhered to the combination of statutory judicial organization exercising power according to law and strict implementation of democratic centralism, and improved clear powers and responsibilities, unity of powers and responsibilities, and orderly supervision, in order to build an effective judicial power operation system. We deepened the reform of the quota management system of judges, made sure quota judges must adjudicate cases, and promoted the dynamic entrance and exit of the judges in quota. We established a disciplinary system for judges, so that illegal adjudication would be held accountable, and cases handled in accordance with the law would not be held accountable. We strengthened and standardized judicial interpretations and case guidance, implemented a mandatory search system for similar cases, and promoted the uniform application of laws. We promoted the reform of the litigation system centered on adjudication, and implemented the three procedures of the pre-trial conference, exclusion of illegal evidence, and court investigation. We deepened the standardization of sentencing. We correctly implemented the leniency system for pleading guilty and accepting punishment. Authorized by the Standing Committee of the NPC, we completed the pilot reform of separating complicated civil proceedings from simple ones, and carried out the pilot reform of the adjudication-level function positioning of the four-level people's courts in an orderly manner. The people's assessor system was improved. The number of people's assessors increased to about 327,000, and they participated in the adjudication of 12.664 million cases.

The organization system of people's courts was improved. We deepened the reform of the circuit courts of the SPC. The six circuit courts heard a large number of major administrative, civil and commercial cases, and achieved the goals of shifting the focus of the highest judicial organ, resolving disputes locally, and facilitating litigation for the people. They were called the "SPC at the doorstep". We established the First and Second International Commercial Court of the SPC in Shenzhen and Xi'an, created an International Commercial Expert Committee System, and innovated a one-stop international commercial dispute resolution mechanism that organically connected litigation, arbitration and mediation. The Intellectual Property Court of the SPC uniformly heard patent and other technical intellectual property rights and monopoly appeal cases across the country to better protect and encourage technological innovation. The Nanjing Maritime Court and the Hainan Free Trade Port Intellectual Property Court were newly built. The financial courts of Beijing, Shanghai and Chengdu-Chongqing were built at high starting points and with high standards. We built cross-regional courts , and the organizational system of the people's courts could better meet the needs of the national development strategies.

Smart courts accelerated the judicial model transformation. We comprehensively promoted smart services, smart adjudication, smart enforcement and smart management, and built a smart court that handled all businesses online, disclosed the entire process according to law, and provided all-round smart services. Smart courts withstood the great test of the pandemic of the century. Since the prevention and control of the COVID-19, people's courts across the country have filed 29.96 million cases online, held 5.04 million court sessions, exchanged 8.19 million pieces of evidence, enforced 5.93 million cases in different places, and received about 150,000 complaints, achieving that "adjudication and enforcement never stop, fairness and justice go on". Extensive application of similar case identification and push, smart contract execution and other technologies empowered and increased the efficiency of adjudication and enforcement. We built the world's largest judicial trial information resource database, and 1,317 judicial big data reports were formed around social governance hotspots. Smart courts have become a highlight in China's judiciary on the international stage.

Internet justice created new models and new rules. We took the lead in promulgating the "three major rules" of online litigation, online mediation and online operation of people's courts, so that various online judicial activities could be regulated and run in a standardized manner. We formulated *the Opinions on the Blockchain Application in the Judicial Field*, and the unified platform of judicial blockchain completed the storage and solidification of more than 2.89 billion pieces of data on the chain. We published *the Opinions on Regulating and Strengthening the Applications of Artificial Intelligence in the Judicial Fields*, put forward five principles in this regard, and clarified that artificial intelligence could only assist instead of replacing judges. Internet courts of Beijing, Hangzhou and Guangzhou continuously explored in terms of technological innovation, rule establishment and network governance, and formed experience that could be replicated and promoted. China's Internet justice has moved from technology leading to rule guidance.

People's courts across the country adhered to the two-wheel drive of judicial system reform and the construction of smart courts. Under the situation of increasing case number pressure, the quality and efficiency of adjudication continued to improve steadily. Since 2018, the total number of cases closed by the people's courts at various levels has increased by an average of 5.2% per year; the number of cases handled per judge has increased from 187 in 2017 to 242 in 2022; the rate of settlement of cases in the first instance was 89.3% in 2022, and 98% after the second instance; the adjudication cycle of online litigation has been shortened by 22 days compared with the traditional model; the average annual decrease of complaints and complaints of visits to Beijing is 8.4% and 44.5%; the judicial credibility has been significantly improved, and the people's sense of gain in judicial justice has been continuously enhanced. The results of China's judicial system reform and the construction of smart courts have had a wide-ranging influence internationally.

VI. Build a loyal, upright and responsible iron army of people's courts

We implemented the general requirements for Party building in the new era, emphasized politics with a clear-cut stand, persevered in promoting comprehensive and strict governance of the Party and the people's courts, and strengthened the revolutionary, regular, professional, and career-oriented construction of the court team.

We strengthened political construction and consolidated political loyalty. We persevered in using Xi Jinping Thought on Socialism with Chinese Characteristics for a New Era to condense the heart and soul, promoted the study and education of Xi Jinping Thought on the Rule of Law, and ensure full coverage of education of the guiding principles of the Party's 20th National Congress, and took the Party's innovative theories as the first lesson of police officers' induction education and a compulsory course for the youth theoretical arming, which helped to fasten the "first button" of judicial work. We solidly carried out the theme education of "staying true to our original aspiration and keeping our mission in mind" and the Party history. In the court system, we conducted special education on the commitment to the Party's absolute leadership over judicial work and the path of socialist rule of law with Chinese characteristics, and on the establishment of both Comrade Xi Jinping's core position on the Party Central Committee and in the Party as a whole and the guiding role of Xi Jinping Thought on Socialism with Chinese Characteristics for a New Era. We vigorously promoted the people's court culture in the new era with "loyalty to the people, respect for the law and morality, fairness and integrity, uprightness, reform and innovation" as the main content. In the past five years, a large number of models of justice for the people and fair justice have emerged in people's courts across the country. 2,363 collectives and 2,799 individuals were commended and rewarded by the central and state organs. 95 judges, including Li Qingjun, Hu Guoyun, Zhou Chunmei, Wei Jingjing, Yang Jun, Teng Qigang and Bao Weizhong, sacrificed their lives on the job. They are loyal guardians of the judicial cause of China. They have defended fairness and justice with selfless dedication and even at the cost of their own lives.

We strengthened capacity building and improved the judicial level. We implemented the Judges Law, revised the regulations on the education and training of judges, and provided online and offline training for 9.756 million court officers through the "People's Court Lecture Hall". We strengthened the training of judicial talents in the fields of intellectual property, the Internet, finance and foreign affairs. Three judges of the SPC were elected as judges of the United Nations Appeals Tribunal, the United Nations Dispute Tribunal and the Administrative Tribunal of the International Labour Organization respectively. We supported the construction of court teams in Hainan Free Trade Port, Xiongan

New Area and other places. We strengthened the work of aiding the Tibet, Xinjiang, and Qinghai, and supported the construction of court teams in western and ethnic minority regions through the selection of cadres and arranging teaching tours. The people's courts of Inner Mongolia, Guangxi, Sichuan, Yunnan, the Tibet, Gansu, Qinghai and Xinjiang trained 2,373 bilingual judges to meet the judicial needs of the masses in ethnic minority areas.

We strengthened discipline and work conduct construction to ensure a clean judiciary. We adhered to the principle of self-reform and dig deep to cure the root of the problems. We conducted in-depth education and rectification of the court team, resolutely eradicated long-standing malpractices and black sheep, and promoted the rectification of stubborn diseases and the establishment of rules and regulations. The court team has been cleaned unprecedentedly. We strictly implemented the guiding principles of the eight-point decision of the CPC Central Committee on improving Party conduct and their implementation rules, and strengthened judicial inspections and trial supervision. Courts across the country investigated and published 3,462 court officers who violated the guiding principles of the eight-point decision. We transformed judicial conduct. From the SPC to the primary people's courts, all presidents and leading group members of the four levels of people's courts across the country went to the township people's courts to work, learned from the people, and helped people resolve their disputes. We strictly implemented the "three regulations" to prevent judicial interference. In 2022, court officers across the country recorded and reported about 153,000 pieces of relevant information. The habit of reporting and disclosing any intervention or inquiry is becoming increasingly common. We severely punished judicial corruption with zero tolerance. In the past five years, the SPC has investigated and punished 61 officers who violated the discipline and law in its own court. Various levels of courts have dealt with 8,589 cases of violations of discipline and law by judicial personnel who have abused their adjudication and enforcement powers, leading to 1,727 criminal prosecutions. We deeply learned lessons from Shen Deyong and other violations of discipline and law in the court system, and promoted reform and governance with cases. We made rules of the system stricter, enforced the iron rules and prohibitions, deepened the treatment of both symptoms and root causes, and persevered in maintaining a clean and healthy atmosphere.

Fellow deputies, consciously accepting supervision is an inevitable requirement for the practice of people's democracy throughout the entire process and an important guarantee for the realization of judicial justice. **We accept the supervision of the NPC in accordance with the law.** We have conscientiously implemented the guiding principles of each session of the 13th NPC, and strictly implemented the laws and resolutions formulated by the NPC and its Standing Committee. We have reported to the Standing Committee of the NPC on solving difficulties in enforcement and accepted special inquiries, reported on criminal, civil, intellectual property, and foreign-related adjudication work in the new era, and improved work based on deliberation opinions. We handled suggestions involving 947 deputies, and transformed 1,965 deputy suggestions and 1,861 daily suggestions into specific measures to promote the high-quality development of court work one by one. The SPC has invited deputies to the NPC for 37 inspections, and took 3,605 person-times' advice by inviting them to attend the adjudication committee and participate in symposiums. We have fully adopted the opinions of deputies and improved judicial policies on ensuring food and drug safety, punishing violent injuries to doctors, preventing domestic violence, and protecting trade secrets. **We have consciously accepted democratic supervision.** We have adhered to socialist deliberative democracy, and consciously accepted the democratic supervision of the CPPCC, democratic parties, federations of industry and commerce, and people without party affiliation. We have handled 819 CPPCC proposals, visited and received 1,211 members of the CPPCC National Committee, and adopted opinions and suggestions from all sides in a timely manner. We have participated in the bi-weekly consultation symposium of the CPPCC to discuss good policies for improving the quality and efficiency of foreign-related law enforcement and justice, and protecting the rights and interests of minors. We have visited the central committees of various democratic parties to listen to opinions and built consensus on the work of people's courts. We have held four Summits on Rule of Law Construction in the Private Economy with the All-China Federation of Industry and Commerce to jointly optimize the legal environment for the development of the private economy. **We have accepted the legal supervision of the procuratorate in accordance with the law.** We have seriously heard protest cases, handled procuratorial recommendations in a timely manner, and jointly safeguarded judicial justice. **We have widely accepted social supervision.** We have invited 1,228 person-times including special supervisors and special consultants to participate in researches and seminars. We have actively accepted the supervision of public opinion, held 155 press conferences, and responded to social concerns in a timely manner.

Fellow deputies, the most fundamental reason for the transformation and development progress of people's courts in the new era lies in the fact that General Secretary Xi Jinping, as the core of the CPC Central Committee and the whole CPC, takes the helm and leads the way, and lies in the scientific guidance of Xi Jinping Thought on Socialism with Chinese Characteristics for a New Era. It is the vivid practice of Xi Jinping Thought on the Rule of Law in the judicial field. The achievements are the result of the powerful supervision of the NPC and its Standing Committee, the strong support of the State Council, the democratic supervision of the CPPCC, the supervision of the National Supervisory Commission and the Supreme People's Procuratorate, the democratic supervision and support of various democratic parties, federations of industry and commerce, people's organizations, and personages without party affiliations, as well as the care, support and assistance of local Party and government organs at all levels, NPC deputies, CPPCC members, all sectors of society and the general public. Here, on behalf of the SPC, I would like to express our heartfelt thanks!

Looking back at the history of the people's courts in the past five years and ten years in the new era, we are more convinced that the path of socialist rule of law with Chinese characteristics is getting broader and broader, and the prospect of the rule of law in China is infinitely bright. We uphold fundamental principles and break new ground to keep up with the times, and have a deeper understanding of the work of people's courts. **We must** uphold the Party's absolute leadership over judicial work, acquire a deep understanding of the decisive significance of the establishment of both Comrade Xi Jinping's core position on the Party Central Committee and in the Party as a whole and the guiding role of Xi Jinping Thought on Socialism with Chinese Characteristics for a New Era, boost our consciousness of the need to maintain political integrity, think in big-picture terms, follow the leadership core, and keep in alignment with the central Party leadership, stay confident in the path, the theory, the system, and the culture of socialism with Chinese characteristics, firmly uphold Comrade

Xi Jinping's core position on the Party Central Committee and in the Party as a whole and upheld the Central Committee's authority and its centralized, unified leadership, and unswervingly follow the direction guided by Xi Jinping Thought on the Rule of Law. **We must** adhere to serving the overall situation, administrating justice for the people and maintaining judicial fairness, and fulfill duties closely surrounding the central work of the Party and the country, and enable the people to feel that justice has been served in each and every judicial case. **We must** adhere to the combination of ruling the country by law and virtue, and promote the socialist core values with fair judgment. **We must** stick to the dual drive of judicial system reform and smart court construction, and speed up the modernization of the judicial system and judicial capacity. **We must** comprehensively and strictly govern the Party and people's courts to ensure fair and clean justice nonstop. **We must** consciously accept supervision so that judicial power can always be exercised under supervision and serve the Party and the people.

We are fully aware that there are still problems and difficulties in the work of the people's courts. **First,** judicial capacity cannot meet the requirements of a Chinese path to modernization and the growing demands of the people for fairness and justice. More efforts are needed to modernize the judicial system and capacity. **Second,** the comprehensive supporting reform of the judicial system is unbalanced and not radical, and there are still shortcomings in the mechanism for restricting and supervising the operation of judicial power. **Third,** there are some cases where the adjudication and enforcement have low efficiency and poor effects, as well as problems of mechanical justice and handling cases just for the case itself. It will take a long time to advance and resolve the enforcement difficulties. **Fourth,** the situation of building a clean and honest Party and fighting corruption is still complicated, and there is still a long way to eradicate the soil that breeds judicial corruption. Some officers have improper judicial conduct and even corruption, which seriously affects judicial credibility. **Fifth,** some intermediate and primary people's courts are under great pressure to handle cases, and there is a shortage of professional talents in some adjudication fields. People's courts will take strong measures to solve the above problems.

Work Suggestions of 2023

In 2023, people's courts will adhere to the guidance of Xi Jinping Thought on Socialism with Chinese Characteristics for a New Era, thoroughly implement Xi Jinping Thought on the Rule of Law, and fully implement the guiding principles of the Party's 20th National Congress and its First and Second Plenary Sessions. We will earnestly implement the principles of the Central Political and Legal Work Conference, conscientiously implement the resolutions of this session, acquire a deep understanding of the decisive significance of the establishment of both Comrade Xi Jinping's core position on the Party Central Committee and in the Party as a whole and the guiding role of Xi Jinping Thought on Socialism with Chinese Characteristics for a New Era, boost our consciousness of the need to maintain political integrity, think in big-picture terms, follow the leadership core, and keep in alignment with the central Party leadership, stay confident in the path, the theory, the system, and the culture of socialism with Chinese characteristics, firmly uphold Comrade Xi Jinping's core position on the Party Central Committee and in the Party as a whole and upheld the Central Committee's authority and its centralized, unified leadership, and faithfully perform the duties endowed by the Constitution and laws. We will dare to fight, be good at fighting, seek progress while maintaining stability, uphold fundamental principles and break new ground. We will serve a Chinese path to modernization with the modernized judicial system and judicial capabilities, and provide powerful judicial services for the comprehensive modernization of a socialist country to get off to a good start.

First, we will take Xi Jinping Thought on the Rule of Law as guidance, and unswervingly follow the path of socialist rule of law with Chinese characteristics. We will carry out the theme education deployed by the Party Central Committee in people's courts across the country, and use Xi Jinping Thought on Socialism with Chinese Characteristics for a New Era to unify our thinking, will and action. We will strengthen the Party's political construction in an all-round way, and resolutely maintain the core leadership, stay absolutely loyal, follow the Party's command, and be brave in taking responsibility. We will closely integrate with the reality of people's courts, fully implement the guiding principles of the 20th CPC National Congress, and ensure that the decisions and deployments of the Party Central Committee are fully implemented and effective in people's courts. We will adhere to the organic unity of holding the Party's leadership, the people being the masters of the country, and governing the country by rule of law, create a higher level of socialist judicial civilization, and comprehensively build a modern socialist country on the track of the rule of law.

Second, we will better coordinate development and security, and serve high-level security and high-quality development in accordance with the law. We will severely crack down on infiltration, sabotage, subversion and separatist activities by hostile forces at home and abroad. We will resolutely punish all criminals who split the country and safeguard national unity. We will unswervingly counter illegal sanctions and "long-arm jurisdiction", and resolutely defend the country's judicial sovereignty and the interests of the people. We will severely punish crimes involving serious violence, guns and explosives, cross-border gambling and drugs. We will continue to crack down on organized crimes and gang crimes on a regular basis. We will punish crimes in the fields of food, finance, energy resources and others according to law, and serve to prevent and resolve major risks. We will punish corruption crimes in accordance with the law and strengthen punishment for bribery crimes. We will enhance the protection of personal information and severely punish information cybercrime. We will provide judicial support for better coordinating pandemic prevention and control and economic and social development. We will earnestly consolidate and develop the public sector of the economy while encouraging, supporting, and guiding the non-public sector of the economy, issue opinions on optimizing the rule of law environment to promote the growth of the private economy, fully implement the principle of equal protection, resolutely prevent criminal intervention in economic disputes, resolutely stop illegal acts that infringe on the personality rights of entrepreneurs, and resolutely protect private enterprises. We will protect the legal property rights and interests of enterprises and entrepreneurs by judicial means to ensure the recovery of accounts receivable by small and medium-sized enterprises, support honest management, guarantee fair competition in accordance with the law, and promote the healthy and high-quality development of the private economy. For cases of infringement of the property rights of private enterprises and the rights and interests of entrepreneurs, we will strengthen supervision and guidance, and resolutely correct wrong cases once they are discovered. We will improve judicial policies in terms of property rights protection, market access, fair competition, and social credit, and serve to build a unified national market. We will strengthen the judicial protection of intellectual property rights, strengthen the anti-monopoly and anti-unfair competition judiciary, and improve the national-level appeal mechanism for intellectual property rights cases. We will improve judicial policies for the digital economy. We will serve the implementation of the regional coordinated development strategy. We will deepen the creation of the "Fengqiao-style Dispatched People's Tribunals". We will strengthen the trial of cases on environmental resources and help promote green development. We will build a higher-level foreign-related trial system to serve high-level opening up. We will adhere to serving high-quality development with high-quality judicial services, so that property rights and intellectual property rights are more judicially guaranteed, contract performance is more effective, and innovation vitality is more stimulated.

Third, we will adhere to the people-centered approach, and solidly promote justice for the people and judicial fairness. We will listen to the voices of the people, adhere to problem orientation, go after the problem, truly solve the problem and resolve disputes, in order to meet the needs of the people for fairness and justice. We will severely punish crimes that violate the rights and interests of women, children and the elderly, and protect the legitimate rights and interests of women, children, the elderly and the disabled. We will strengthen the protection of labor rights and interests and the protection of workers in new forms of employment. We will safeguard the legitimate rights and interests of consumers. We will practice and carry forward core socialist values. We will improve the comprehensive efficiency of the one-stop diversified dispute resolution and litigation service system. We will match with the advancement of civil enforcement legislation, and move towards the goal of solving enforcement difficulties. We will strengthen administrative adjudication and serve the construction of a law-based government. We will improve the national compensation system. We will be conscientious and caring in doing a good job of protecting the rights of the military, firmly safeguard the interests of national defense and the legitimate rights and interests of military members and veterans, and promote the consolidation of military-government and military-civilian unity. We will strengthen the protection of the rights and interests of compatriots from Hong Kong, Macao and Taiwan. We will improve the public interest litigation system and safeguard public interests in accordance with the law. We will strengthen adjudication supervision and guidance, strengthen judicial protection of human rights, protect the right of lawyers to practice, and ensure the strict and fair administration of justice. We will increase the publicity of legal popularization, and promote the deepening of judicial maintenance of fairness and justice in the hearts of the people.

Fourth, we will deepen the reform of the judicial system and accelerate the modernization of the judicial system and judicial capacity. We will stick to the reform-oriented mindset and methods to solve new situations and problems that arise in the reform, stick to reform, and dare to tackle tough issues. We will deepen the comprehensive supporting reform of the judicial system, comprehensively and accurately implement the judicial responsibility system, strengthen the practice of judicial reform and innovation, and accelerate the establishment of a fair, efficient and authoritative socialist judicial system. We will deepen the reform of the litigation system centered on adjudication. We will standardize the operation of judicial power and enhance the restriction and supervision of judicial activities. We will deepen the construction of smart courts, improve the Internet judicial model with Chinese characteristics, and create a higher level of digital justice.

Fifth, we will adhere to strict governance of the Party and people's courts, and strengthen the building of the court team. We will strengthen political supervision, consolidate the results of court team education and rectification, and firmly establish political loyalty. We will consciously accept the supervision of the NPC, democratic supervision and all-round supervision. We will improve the classification and management of judicial personnel, and cultivate in the fields which are short of judicial personnel such as foreign-related field. We will strengthen the primary-level construction, and support the construction of primary courts in old revolutionary base regions, ethnic minority areas and border areas. We will carry out in-depth investigations and research, go deep into the masses and the front line, and get down to implementation. We will firmly adhere to strict and clean discipline, and increase the punishment of judicial corruption, so that court staff dare not to be corrupt, are unable to be corrupt, and are unwilling to be corrupt. We will carry out the requirements of "being strong in faith, political stand, responsibility, professionalism and conduct", and persistently build a people's court army that can bear heavy responsibilities.

Fellow deputies, on the new journey in the new era, we must unite more closely around the Party Central Committee with Comrade Xi Jinping at its core, fully implement Xi Jinping Thought on Socialism with Chinese Characteristics for a New Era, carry forward the great Party-building spirit, and keep in mind that we must stay true to our original aspiration and keep our mission in mind, must stay modest and prudent and work hard, and must dare to fight and be good at the fight. We will stay united, work hard steadfastly, give full play to the function of trial, and make new contributions to building a modern socialist country in all respects and promoting the great rejuvenation of the Chinese nation on all fronts!